幼稚教育
是一切教育的基础
因为它的对象早于学龄儿童
它的功用
正如培植苗木
实在关系于儿童终身的
事业与幸福
推而广之
关系于国家社会

一 切 为 了 儿 童

陈鹤琴"活教育"
幼儿园教师实用手册

陈鹤琴 著

柯小卫 选编

南京师范大学出版社

编选说明

我们编选这本《陈鹤琴"活教育"幼儿园教师实用手册》目的是为更多从事学前教育研究、教学的教师,以及幼儿师范专业的师生提供一本实用手册,其中的内容偏重于教学目标、原理、原则与教育方法,包括"儿童教育基本原理""现代幼儿园学说""幼儿园教学法""怎样做幼儿园教师""活教育"五个部分,反映儿童教育的本质、原理与实施过程,使更多读者能够领略、感受老一辈儿童教育家对于儿童教育特有的情怀、精神与理解、诠释;同时,可以获得一些有益的经验、方法与可资借鉴、使用的良器和工具。

陈鹤琴现代儿童教育学说有两个显著特征:一是"科学性",二是"实践性"。前者使其学说建立在对于儿童特性研究的基础上，包括对国外现代儿童教育研究成果的借鉴、吸收，从而获得科学依据与方向，具有"客观性"；后者通过其亲身试验和研究，归纳、总结出适用于儿童教育过程，包括家庭教育、幼儿园教学的一整套教学原则和方法，因而具有可延续、发展的生命力。在这本手册中，许多教学原理、原则、方法由于兼备科学性和指导性，可以在教学过程中起到开阔教育视野、启迪教学智慧、丰富课程内涵等积极作用，期待广大读者在阅读、使用本手册时可以将陈鹤琴现代儿童教育学说的思想、精神与原则、方法应用到各自的事业与工作中，使以陈鹤琴及其学说为标志的"中国化""科学化""大众化"现代儿童教育事业被继续传承，发扬光大，为更多儿童谋幸福。

本手册内容大部分取自《陈鹤琴全集》（共6卷，陈秀云、陈一飞编，江苏教育出版社2008年8月版），在编选过程中，编者在保持原文意思完整的前提下，对其中少量文字、标点、格式等稍做调整，以方便读者阅读、使用，特此说明。本书的策划、出版，自始至终是在南京师范大学出版社幼教分社总编辑万斌的精心策划、参与下进行,其付出了大量努力;束菱舟女士参与了本书的资料收集、校对,特此表达由衷感谢。

编　者
2016 年 9 月 26 日

目 录

第一编　儿童教育基本原理

一、儿童教育的目的、性质与意义・002

二、现代儿童教育观・018

三、儿童心理学原理・027

四、儿童道德与社会性发展・035

五、儿童的认知与学习・050

六、家庭教育・069

第二编　现代幼儿园学说

一、幼儿园功能与培养目标・084

二、幼儿园课程与教学原则・096

三、幼儿园教材·110

四、游戏是幼儿园教学的主要方式·114

五、幼儿园环境与管理·121

第三编　幼儿园教学法

一、单元教学与主题活动·134

二、儿童语言教育·142

三、教学故事化·153

四、儿童美术教育·161

五、儿童音乐教育·174

六、玩具与教具·180

第四编　怎样做幼儿园教师

一、幼儿园教师的重要性·190

二、怎样教导儿童·201

三、特殊儿童教育·210

四、谁是成功的教师·218

第五编　活教育

一、活教育目标论·224

二、活教育课程论·230

三、活教育方法论·242

四、活教育教学法·253

第一编
幼儿教育基本原理

一

儿童教育的目的、性质与意义

1. 幼稚教育,是一切教育的基础,因为它的对象早于学龄儿童。它的功用,正如培植苗木,实在关系于儿童终身的事业与幸福,推而广之,关系于国家社会。

• 引自《幼稚教育》(1926年),载《陈鹤琴全集》(第二卷),第12页

2. 幼稚园里有公民训练的一种课程,就是培养将来做公民的基础,因此可以养成种种合作的精神,爱护团体、爱护国家的精神。同时又可以培养公民应有的知识与技能,砌成一个稳固的公民基础。

- 引自《幼稚教育》(1926年),载《陈鹤琴全集》(第二卷),第15页

3. 总之,幼稚教育之关系甚大,所以需慎重办理。以儿童个人而论,这步教育不善,将终身受影响,就是改正过来,也要费九牛二虎之力。我们大家都知道,学习的开始是很重要的,正如同一出发点,可以向东,也可以向西,初时不注意,竟会闹成南辕北辙的,那岂不是比不学都坏吗?

- 引自《幼稚教育》(1926年),载《陈鹤琴全集》(第二卷),第15页

4. 幼稚教育办得好,小学教育就容易办得多了;幼稚生教得好,小学生就容易教了。这样说来,幼稚教育,实是小学教育的基础。

- 引自《幼稚教育》(1926年),载《陈鹤琴全集》(第二卷),第15页

5. 我们知道幼稚期(自出生至7岁)是人生最重要

的一个时期,什么习惯、言语、技能、思想、态度、情绪都要在此时期打一个基础,若基础打得不稳固,那健全的人格就不容易形成了。

- 引自《〈家庭教育〉自序》(1925年),载《陈鹤琴全集》(第二卷),第512页

6. 幼稚时期对于儿童一生非常重要!所以幼稚教育是儿童的基本教育,亦即人群的基本教育。儿童在这个时期,关于习惯、知识、言语、思想各个方面都打了很深的根基。倘使在这个时期,根基稍一不稳,将来要想建造健全的人格,也就不可能了。所以,我们要培养健全的人格,促进建立健全的社会,首先需注重幼稚时期的教育,竭力宣传初期儿童教育的重要,而引起一般社会的注意。

- 引自《〈幼稚教育〉发刊词》(1927年),载《陈鹤琴全集》(第二卷),第73页

7. 普通的小孩子生来虽有种种不同之点,然大抵是相仿佛的。饿则哭,喜则笑;见好吃好看的东西就伸手

拿来,见好玩好弄的东西就伸手去玩。

然何以到后来有的会怕狗怕猫,有的敢骑牛骑马;有的身体强健,有的身体孱弱;有的意志坚决,有的意志柔弱;有的知识丰富,有的知识缺乏;有的专顾自己,有的体恤别人;有的多愁病,有的多喜乐;有的成为优秀公民,有的变为社会败类? 推其原因,不外先天禀赋之优劣与后天环境及教育之好坏而已。

- 引自《家庭教育》(1925年),载《陈鹤琴全集》(第二卷),第522页

8. 小孩子的天赋虽好,必藉后天的教育方能得着发展;反而言之,后天的教育任凭怎样优良,若无先天的遗传为之基础,也无所施其技的;所以天赋与教育都是很重要的。

- 引自《家庭教育》(1925年),载《陈鹤琴全集》(第二卷),第528页

9. 小孩子在未受教育以前,好比是一索素丝;受了教育以后,好像是一索素丝已经着了颜色。学得好就

好,学得不好就不好。等到学得不好,以后做父母的即使要去教他好,也是很不容易的。

- 引自《家庭教育》(1925年),载《陈鹤琴全集》(第二卷),第605页

10. 对于如花含苞、如草初萌的小孩子,我们应当用很好的教育方法去教育他,使他们关于体德智三育都从小好好学起,那么老大的中国,未尝不可以一变而为少年的国家?不过少年中国的责任,固属诸今日之儿童,而造成少年中国的责任则属诸今日之父母。做父母的能够教育小孩子,而小孩子能够从小学好,则少年中国,即在其中了。

- 引自《家庭教育》(1925年),载《陈鹤琴全集》(第二卷),第606页

11. 今日之孩童即他年之成人。今日之孩童不能顾虑他人的安宁,则他年之成人即将侵犯他人的幸福。现在我们中国,自武人政客,以至行贩小卒,无论做什么事,多数人只知利己,罔顾别人。推其原因,虽非一端,

然他们当孩提之时,他们的父母不教以利己利人之道,亦一大原因。

- 引自《家庭教育》(1925年),载《陈鹤琴全集》(第二卷),第607页

12. 现在的儿童,就是未来的主人。社会的进化,国家的繁荣,要看这些未来主人的品格才智如何而定。培养这些主人的品格才智,端赖优良的儿童教育,那么儿童教育的重要,自然不用再说了。

- 引自《儿童教育的根本问题》(1934年),载《陈鹤琴全集》(第二卷),第645页

13. 我们的儿童期就含这两方面意思:一方面儿童期是发展能力的时期,另一方面儿童期具有可以发展的性质。此即所谓可塑性或谓可教性(educability)。

- 引自《儿童心理之研究》(1925年),载《陈鹤琴全集》(第一卷),第52页

14. 幼稚生时期是儿童最可受教育的时期,我们负

有教育责任的人应该重视这个时期,好好地去施教。从最小功效说,能做到代替小学教育的一部分也未可知。愿我们有志于幼稚教育的同志们大家努力。

- 引自《一年来南京鼓楼幼稚园试验概况》(1926 年),载《陈鹤琴全集》(第二卷),第 11 页

15. 幼稚教育到底有多重要呢？依据生理心理的发展过程,幼稚时期的教育是很重要的一个阶段。在这个阶段中,幼儿身心健康的增进,身体和行为方面良好习惯的养成,以及各项知识、技能的发展,都是决定他将来人格和体格的重要因素。所以幼稚教育实在是一切教育的基础。

- 引自《从幼稚教育说到幼稚师范教育》(1942 年),载《陈鹤琴全集》(第五卷),第 32 页

16. 幼稚儿童就是国家的幼苗,应当特别爱护,给他们适宜的教育,这也就是延续国家命脉、培育民族新生命的惟一办法。

- 引自《从幼稚教育说到幼稚师范教育》(1942 年),载《陈鹤

琴全集》(第五卷),第 32 页

17. 我们中国人素来是不注重卫生的,所以身体孱弱,精神萎靡,故外人称我们为"病夫"。要知道强国必先强种,强种先强身,要强身先要注意幼年的儿童。儿童的身体不强健,到了成年,也不会强健。所以,幼稚园首先应当注重儿童的身体。

• 引自《我们的主张》(1927 年),载《陈鹤琴全集》(第二卷),第 79 页

18. 人类的动作十分之八九是习惯,而这种习惯又大部分是在幼年养成的;所以幼年时代,应当特别注重习惯的养成。但是习惯不是一律的,有好有坏;习惯养得好,终身受其福,习惯养得不好,则终身受其累。

• 引自《我们的主张》(1927 年),载《陈鹤琴全集》(第二卷),第 80 页

19. 幼稚期是人生可塑性最大的时期,所以幼稚时期也是奠定人生健全发展的时期,故需有适当的环境与

优良的养育,以促使民族的新生。

- 引自《战后中国的幼稚教育》(1947年),载《陈鹤琴全集》(第二卷),第412页

20. 环境既然复杂,学的时期当然要长,如果全靠先天的遗传,而不加以后天的学习,必不能适应这样复杂的环境。……这样看来,环境愈复杂,儿童期愈长,学习的机会愈多,天赋的智力发展愈快,然后才可以适应复杂的环境。所以人的儿童期实在是预备适应环境的重要时期。

- 引自《儿童心理之研究》(1925年),载《陈鹤琴全集》(第一卷),第53页

21. 文化是由人类用智慧造成的,不是生物的遗传,乃是一种社会的遗传,就是用人为的能力,一代一代地保持,一代一代地遗传。儿童期就是接收文化的时期,因为成人的学习能力,没有儿童期的大,几千年来文化的传递实在是儿童期的功用。不但传递文化,而且还要促进文化。遗传下来的能力和动作是固定的,固定的东

西就不容易有进步。人类的动作大概是靠后天的培养；人类的知识，完全是靠后天的学习。人类知识愈丰富，能力愈大，所做的事业愈广，所发明创造的东西也愈多，社会的文化因此也就增高了。

- 引自《儿童心理之研究》(1925年)，载《陈鹤琴全集》(第一卷)，第53页

22. 我们要把幼稚园、托儿所从大都市带到小都市，从城镇带到乡村，从为少数贵妇官绅服务到为农工劳动大众服务。在今后建国的过程中，我们要使每个工作妇女都得到安心工作、无需照顾其子女的舒乐。普及工厂托儿所、普及农村托儿所，以及巡回的托儿所，使农忙时节的农村生产率提高到最高的水平。这样，我们幼稚教育的工作者，不仅是间接地参加了社会生产，而且，还正在用集体的力量，来教育民族的新生代，使他们个个都成为国家自救的斗士，个个都成为现代中国人。

- 引自《战后中国的幼稚教育》(1947年)，载《陈鹤琴全集》(第二卷)，第423页

23. 未达学龄的时期,从心理上看来,是养成习惯的基础时期,也是树立人格的基础时期,若于此时不加注意,不加良好的教育,听任自流,等他大起来就不容易感受良好的教育了。

- 引自《未达学龄的儿童之研究》(1926 年),载《陈鹤琴全集》(第一卷),第 372 页

24. 毫无疑义,新中国幼儿教育的目的,也是为祖国培养健全的幼苗,使儿童的身心获得健全的发育;同时,解放妇女,使妇女能自由参加政治的、经济的、文化教育的、社会的建设事业。

- 引自《幼儿教育的新动向》(1951 年),载《陈鹤琴全集》(第二卷),第 445 页

25. 幼儿教育的任务:(1) 保证幼儿的健康和身心的正常发育。(2) 发展幼儿的智力和创造力。(3) 培养幼儿初步的国民公德和国际主义精神,以及其他优良的品德。(4) 培养幼儿的爱美观念,增进幼儿愉快的精神。

- 引自《幼儿教育的新动向》(1951 年),载《陈鹤琴全集》(第

二卷),第446、447页

26. 今日中国还处于半封建、半殖民地之状态中,民族危机深重。所以,今日中华民族之任务,是要肃清封建残余,争取民族独立,并确立世界和平之基础。因此,今日教育的目标应该是在人性的解放上,培养适应这一要求的人。这是做中国人,做世界人的主旨。

• 引自《低能儿童之研究》(1948年),载《陈鹤琴全集》(第一卷),第546页

27. 如果说,国民教育是一切教育的基础教育,那么,幼稚教育更可以说是"基础教育的基础"。我们依据生理、心理的发展过程,可以证明幼稚时期是人生的最重要的一个阶段,这一时期的教育也是最重要的教育。中国有句俗语说:"三岁应九岁,九岁应八十。"这是说幼稚时期所受教育的好坏,会影响到一个人终身性格、行为、事业的优劣成败。

• 引自《中国儿童教育之路》(1947年),载《陈鹤琴全集》(第四卷),第311页

28. 查我国教育系统，小学从6周岁起；6周岁以下教育，则由幼稚园施行之。幼稚教育之有无，影响于小学教育甚大。欧美各国，除穷乡僻壤之区，莫不有幼稚园之设立，以教育未达学龄之儿童。导以正当游戏，养成其良好基本习惯。根本既佳，小学教育自易收效。回顾我国，除附设于大都会内一二贵族的小学外，施行幼稚教育之幼稚园，竟如凤毛麟角。所谓幼稚教育，事实上尚付阙如。幼稚教育实为小学教育之基本，应加提倡，以增加小学教育效能。

• 引自《令各省、各县、各市实验小学先行设立幼稚园案》(1927年)，载《陈鹤琴全集》(第二卷)，第220页

29. 新中国幼儿教育所负的任务是培养全面发展的儿童，其教养原则如下：(1) 要使幼儿全面地发展。(2) 教材内容和教学法要和幼儿的实际生活相结合。(3) 要使幼儿习惯于集体生活。(4) 培养儿童独立活动的能力。(5) 必修作业和选修作业必须适当配合。(6) 幼儿园教育必须和家庭教育密切配合。(7) 要有计划地进行

教学。

- 引自《幼儿教育的新动向》(1951年),载《陈鹤琴全集》(第二卷),第447、448页

30. 幼儿期是人生最重要的一个时期,是一个人健康成长的一个奠基的时期。对婴幼儿的早期教育是为培养人才打基础的工作,也是极大地提高整个中华民族的科学文化水平所必需的。发展托幼事业,培养具有体魄强壮、品德良好和智力发达的祖国的幼苗,是关系到祖国与民族前途的根本大计,是党和国家的一项战略任务。

- 引自《切实开展对幼儿教育的科学实验》(1979年),载《陈鹤琴全集》(第二卷),第503页

31. 无论在生理方面或心理方面,幼儿时期的教育,都是非常重要的。儿童对社会适应得是否健全,儿童生理方面或心理方面发展的程度,是否表现着常态的前进,儿童对于卫生习惯有否养成,以及儿童身体健康是否得到健美的发展,幼儿期的教育都该担负相当的

责任。

- 引自《儿童心理学》(1952年),载《陈鹤琴全集》(第一卷),第487页

32. 幼儿教育是一门教育科学,是基础教育的基础。搞好幼儿教育的科学研究工作,摸索出一条中国化的幼儿教育路子,与社会主义现代化的建设有着十分密切的关系。

- 引自《切实开展对幼儿教育的科学实验》(1979年),载《陈鹤琴全集》(第二卷),第504页

33. 我国也有一句俗语:"三岁看大,七岁看老。"这个意思很明显,就是说一个人身心的发展(包括生理的、思想意识的、语言的以及行为习惯的全面发展)要在七岁以前打好基础。

- 引自《幼儿教育的新动向》(1951年),载《陈鹤琴全集》(第二卷),第445页

34. 新中国的幼儿教育,它的目的在为祖国培养健

全的下一代，在为国家生产建设服务；它的内容在培养全面发展的儿童。愿我们全体从事幼教工作的人员，朝着这个新方向，为完成这一个伟大而艰巨的任务而努力奋斗。

- 引自《幼儿教育的新动向》(1951年)，载《陈鹤琴全集》(第二卷)，第448页

35. 幼儿在教师有计划、有组织的领导下，亲自观察周围环境中的事物，通过实际的环境教育，以发展幼儿的认识力，增加对大自然的认识，扩大幼儿的眼界，并培养幼儿五种国民公德。

- 引自《幼儿教育的新动向》(1951年)，载《陈鹤琴全集》(第二卷)，第448页

二

现代儿童教育观

1. 我们为什么叫儿童穿起长衫来？为什么称儿童叫"小人"？为什么不准他游戏？为什么迫使他一举一动要像我们成人一样？这岂不是证实我们以为儿童同成人一样的观念么？儿童既然同成人一样，所以他亦应当穿成人的长衫马褂，不晓得长衫马褂于他的行动大生妨碍，并很违逆他的好动本性。至于叫他端端正正地坐在家里，不得往外游戏，这是愈不对了。但以上所说的误谬观念、误谬教育，到了今天仍是如此。假使我们要收获教育的良果，对于儿童的观念，不得不改变；施行教育的方法，不得不研究。

• 引自《儿童心理及教育儿童之方法》(1921年),载《陈鹤琴全集》(第一卷),第1页

2. 我再简单地声明于下:(1)儿童不是"小人",儿童的心理与成人的心理不同,儿童时期不仅作为成人之预备,亦具他本身的价值,我们应当尊重儿童的人格,爱护他的烂漫天真。(2)儿童秉性好动,我们不要仍旧用消极的老法,来剥夺他的活泼天性,必须予以适当的环境,能使他充分地发展。(3)我们教育儿童,亦当利用他的好奇心。好奇心为知识之门径,我们当利导之。我们有些父母常常摧残这点好奇心,禁止儿童"多嘴""饶舌",这实在令人痛恨之极。(4)游戏是儿童的生命,游戏具种种教育上的价值,我们更加宜利用的。但是我们也要明白这个游戏是随年岁而变迁的。总而言之,我们应研究儿童的心理,施行教育当根据他的心理才好。

• 引自《儿童心理及教育儿童之方法》(1921年),载《陈鹤琴全集》(第一卷),第7页

3. 儿童不是成人的缩影,而是有他独特的生理、心

理特点的。幼儿期是身体和智力发展极为重要的时期,必须掌握其特点,掌握其生长发展的科学规律,才能把幼儿教好、养好。儿童心理学的知识对于进行幼儿教育是异常重要的。特别要重视对幼儿从初生到学龄前这一段的心理发展和各年龄的心理特点的研究(包括心理活动的生理机制、心理活动和生理变化的关系),掌握幼儿的特点和心理发展的规律,把幼儿教育的工作建立在科学的基础之上。

- 引自《切实开展对幼儿教育的科学实验》(1979年),载《陈鹤琴全集》(第二卷),第504页

4. 旧式的教育是以社会为中心的,新式的教育是以儿童为中心的。以社会为中心的教育偏重社会而忽略儿童,以儿童为中心的教育注重儿童而兼顾社会。

- 引自《旧式教育与新式教育的分别》(1930年),载《陈鹤琴全集》(第四卷),第42页

5. 我们中国的幼稚园几乎变为"幼稚监狱",而儿童所有的活动当然不丰富了。普通幼稚园所有的功课,不

外看图书、玩沙、玩土(黏土)、折纸、进行团体游戏、唱歌、玩积木等几种。儿童天天总是玩这几样东西,无怪他们的生活是简单了。所以对于课程方面,我们是应当设法竭力扩充的。

• 引自《现今幼稚教育之弊病》(1924年),载《陈鹤琴全集》(第二卷),第2页

6. 我们办幼稚园究竟为什么?我们教育儿童究竟要教养到什么地步?什么技能、什么习惯是儿童应当养成的?什么知识、什么做人态度是儿童应当学得的?以上这几种问题,办幼稚园的大概都没有想过,或想过而不去研究,结果这些办幼稚园的,天天虽忙忙碌碌,到底没有什么成效,而儿童也没有什么进步。

• 引自《现今幼稚教育之弊病》(1924年),载《陈鹤琴全集》(第二卷),第3页

7. 幼稚园这种教育机关,在中国本来是没有的。现在我们既然来创办这件事,就应当先自己问一问:用种什么目标,用怎样的方法。倘是一些主张都没有,仍旧

像中国初办教育时候,今日抄袭日本,明日抄袭美国,抄来抄去,到底弄不出什么好的教育来。

- 引自《我们的主张》(1927年),载《陈鹤琴全集》(第二卷),第75页

8. 我国兴办幼稚园年数也不少了,但是没有一个课程,也没有一些教材,所有的幼稚园都是宗法西洋成法,不是直抄福禄贝尔,就是直抄蒙台梭利,不肯自己加以变化,也不管儿童是否受纳,是否适合儿童的脾胃,最可笑的就是舍弃近而易得的,苦心地削足适履去求合于古法。福、蒙诸氏的方法,在当时当地有他们的特殊地位、相当价值,我们现在是中国的幼稚园,似乎不便来抄用。

- 引自《一年来南京鼓楼幼稚园试验概况》(1926年),载《陈鹤琴全集》(第二卷),第5页

9. 旧教育是注重于知识的注入,弄得儿童成了装物件的器皿,把知识一件件地装进去。新教育就是要在知识以外加上智力的开发。从范围说起来,智力和知识是有交叉的两个圆,但是智力的圆比知识的圆要大得多

了，同时也可以说，知识是以成人为主体的，智力是以儿童为主体的。智力上的能力是活的，积累的许多知识是死的。

• 引自《幼稚教育》(1926年)，载《陈鹤琴全集》(第二卷)，江苏教育出版社2008年版，第17页

10. 儿童的成熟与否，不能用成人的标准来衡量，我们应当用儿童的成熟阶段来衡量儿童。就儿童的立场来说，未成熟便是一种生长之力，积极的力，以往人们每以为教育在引发儿童的能力。现在，杜威提出，儿童自身的力亦即教育之力，儿童生活之所在，也就是儿童能动的生长之所在。

• 引自《杜威为什么办实验学校》(1947年)，载《陈鹤琴全集》(第五卷)，第115页

11. 因此，保教分家，儿童不能获得正常的发展。今天，我们首先就要矫正以往这种不合理的教养，而要使儿童生活保健和各项作业有机地配合，并周密地计划，谨慎地实施，以使幼儿身体、智力、道德习惯和爱美观念

获得全面的发展。

- 引自《幼儿教育的新动向》(1951年)，载《陈鹤琴全集》(第二卷)，第447页

12. 我依据幼儿各时期的生理或能力的发展情况，把幼稚园分成三个阶段。第一个阶段叫"乳儿组"，收受自出生到一岁左右尚未断乳的儿童。第二个阶段叫"步儿组"，收受自一岁半到三岁半的儿童。这一时期的儿童是刚由踽踽学步发展到独立行步。第三个阶段是"幼儿组"，收受三岁半到六岁的儿童。这一时期的儿童，不论在言语、饮食还是起居、走路，各方面都比较有独立的能力了。对于第一个阶段的儿童，我们应注意他们的营养、卫生习惯、身体发育。对于第二个阶段的儿童，我们应当培养他们的基本动作，发展他们的语言技能。对于第三个阶段的儿童，我们应当培养他们的合作精神，发展他们的社交知识。幼稚园包括了这三个阶段，就成了一个有系统的组织，可以和小学教育紧紧衔接起来了。

- 引自《中国儿童教育之路》(1947年)，载《陈鹤琴全集》(第

四卷),第 313 页

13. 至于儿童教育的范围,广义地说,应该把社会和家庭的教育也包括在内。比如说,电影、戏剧、儿童读物、玩具、游戏场所等等,是社会给儿童的教育。父母对儿女的态度、教养、言语、行动是家庭对儿童的教育。社会、学校、家庭三者要相辅而行,有机地联系起来,儿童教育的理想才容易达到。
• 引自《中国儿童教育之路》(1947 年),载《陈鹤琴全集》(第四卷),第 310 页

14. 教育的目的,在于改进生活,充实生活。教育本身是一种生活,而生活本身也是一种教育。人在教育中生长,这种生长一方面是指个人道德行为、智力的发展过程,另一方面是指整个人类向更高的道德和文化生活发展。
• 引自《中国儿童教育之路》(1947 年),载《陈鹤琴全集》(第四卷),第 310 页

15. 最近美国小学教育的新趋势,主张将小学与幼

稚园联在一起,就是小学要幼稚园化。以前的小学教育与幼稚教育像是隔了鸿沟一样,现在看来不妥。要把小学一年级与幼稚园打通,并且希望二年级与幼稚园也要打通。

- 引自《一个理想的小学校》(1928年),载《陈鹤琴全集》(第四卷),第35页

三

儿童心理学原理

1. 儿童心理学,顾名思义,便是一种研究儿童心理发展规律的科学,它是以儿童为研究对象,以心理发展为研究主题的科学。研究儿童心理学,便可以知道儿童的感觉发展的情形、动作发展的秩序、他的情绪的变化与发展、他的记忆与遗忘、他的习惯与思想。凡儿童的生活现象,儿童心理学都应予以严密的研究。

• 引自《儿童心理学》(1952年),载《陈鹤琴全集》(第一卷),第408页

2. 凡研究儿童的人,必须具有以下资格:(1)知科

学的方法,具科学的精神。(2)对于儿童有敬爱之心。(3)曾经研究过普通心理学。(4)必须有恒心和细心。(5)与儿童接触的机会要多。

- 引自《儿童心理之研究》(1925年),载《陈鹤琴全集》(第一卷),第361页

3. 从实施教育方面说,我们若要教育之有成效,非明了受教育者之心理不可。若不顾受教育者之心理而妄教之,那么没有不失败的。

- 引自《未达学龄的儿童之研究》(1926年),载《陈鹤琴全集》(第一卷),第372页

4. 儿童的心理特点:好动心;模仿心;好奇心;游戏心。

- 引自《儿童心理及教育儿童之方法》(1921年),载《陈鹤琴全集》(第一卷),第1—4页

5. 能激起儿童的好奇心,就是新异;事物与事物相接触而发生的新异,亦能引起儿童的好奇心。

- 引自《儿童心理及教育儿童之方法》(1921年),载《陈鹤琴全集》(第一卷),第3页

6. 好问是求知之钥匙。常人的通病,就是对于儿童的好问,不予理会,甚至更厌恶儿童的好问,而斥之为饶舌,禁止他们发问。殊不知,好问实是儿童追求知识的钥匙,儿童可以借好问而获得丰富的知识与经验。
- 引自《儿童心理学》(1952年),载《陈鹤琴全集》(第一卷),第469页

7. 游戏是儿童的第二生命。我们可以利用儿童爱好游戏的心理,来转移他的心情,像巴甫洛夫的条件反射一样很快地得到效果。
- 引自《如何使幼稚生适应新环境》(1951年),载《陈鹤琴全集》(第二卷),第454页

8. 好问心乃输入知识之门:儿童生而无知,后来长大起来,逐渐与环境相接触,他的好动能力和模仿能力逐渐滋长,而好问心也渐渐起来。常人对于儿童的好

问，恒厌恶之，斥之为饶舌，甚有禁止询问者，做父母者实不应如此；苟能利用此种好问心，则儿童见一新事物就要问，一问就可得到一件新知识，这样日积月累，虽极笨劣的儿童亦决不至菽麦不辨了。

- 引自《儿童心理之研究》(1925 年)，载《陈鹤琴全集》(第一卷)，第 194 页

9. 暗示的影响：(1) 关于良好举动、习惯风俗等，我们都可以利用暗示来养成。(2) 暗示可以增加儿童的痛苦。(3) 要注意戏剧的暗示给儿童的影响。

- 引自《儿童心理之研究》(1925 年)，载《陈鹤琴全集》(第一卷)，第 148、149 页

10. 小孩子容易受暗示的，我们不要以鬼怪的故事去暗示他。但是已经有了这种惧怕，我们用什么方法去消灭这种惧怕的心理呢？这个问题比较复杂。有一个方法，就是仍旧用暗示法去消灭惧怕的心理。他怕黑暗，我们还是带他到黑暗的地方去，你用言语告诉他怕是没有用的，以行动来暗示他，你要显出不怕，一次两次

三次，慢慢儿童就会消灭惧怕的心理。不过这种惧怕是有黏性的，要等到小孩子年龄大一点，身体强一点，勇气增加一点，理智纯一点，胆子也会大一点，惧怕的心理自然会消灭的。

- 引自《活教育的教学原则》(1948年)，载《陈鹤琴全集》(第五卷)，第84页

11. 儿童看见一件新的东西，一定要用手去摸，或是亲手去做，如此得到的经验，能够格外地长久保持。所以用眼看要比用耳听好，用手做比用眼看更好。故我们的教学，要多用手做，多用眼看，而少用耳听。

- 引自《一个理想的小学校》(1928年)，载《陈鹤琴全集》(第四卷)，第34页

12. 儿童最欢喜的是比赛和游戏，在教学上我们应该利用，或者人与人比赛，或者个人前后比较，如此儿童的学习兴趣可以格外增加。不过施行时要注意比赛的结果，要鼓励他们的兴趣，否则儿童的兴趣也要减少的。

- 引自《一个理想的小学校》(1928年)，载《陈鹤琴全集》(第

四卷),第 35 页

13. 小孩子的知识是依靠他的感觉器官,从实验经历中得来的:通过他的眼睛,他认识了各种事物的形状,了解了事物的发展过程;通过他的听觉,他能明了他人的思想意识,以及自然界的各种声音;通过他的双手,他了解了各种物体的性质,也学会了处理日常生活中所发生的事情。

- 引自《谈谈儿童绘画》(1951 年),载《陈鹤琴全集》(第一卷),第 555 页

14. 我们知道,每个儿童都是喜欢奖励,不喜欢被抑制的。你愈奖励他,他愈肯学习;愈抑制他,愈不肯学习。愈喜欢学习,经验便愈发丰富,学习的能力,便发展得愈大。学习的能力愈增加,所学习的事情,也就容易成功,儿童的自信心,也就能坚强起来。不仅学习如此,任何工作无不皆然。所以,积极代替消极,确是很重要的一点。

- 引自《儿童心理学》(1952年),载《陈鹤琴全集》(第一卷),第488页

15. 在今天的社会里面,儿童是被保护的,他有独立的人格,父母应该尊重他的人格,不能够任意恐吓打骂,以致影响儿童的心身发展。在幼稚园里,必须采取诱导启发及暗示的方法代替恐吓和打骂,使小孩子能得到正常的发展。

- 引自《如何使幼稚生适应新环境》(1951年),载《陈鹤琴全集》(第二卷),第451页

16. 儿童年纪愈小,则记忆力愈弱,不过记忆之保存,则愈小愈好,此因儿童的神经系统小时易受训导,并因小时思想不复杂的缘故。儿童九岁以前,听觉的记忆比视觉的记忆好,九岁以后,则视觉的记忆比听觉的记忆好,这是天然的支配。听觉的记忆最发达之限度至十四岁止,视觉的记忆最发达之限度至十五六岁止。儿童视觉的记忆,具体的东西易记,抽象的文字不易记。

- 引自《编译儿童用书与儿童心理》(1921年),载《陈鹤琴全

集》(第四卷),第 2 页

17. 对儿童的培养与成人不同,不能给他们成人化的东西,要适应他们的生理、心理特点,要做到儿童化。儿童化很重要的一点就是要合乎儿童的特点。

• 引自《切实开展对幼儿教育的科学实验》(1979 年),载《陈鹤琴全集》(第二卷),第 503 页

18. 还有一种消极的暗示,比方儿童跌了一跤,做母亲的把他抱起来对他说:"不要哭!不要哭!"他一听见反而哭起来了。或者在教室内做教师的对学生说:"你不要讲话,你不要向窗外看。"学生不知不觉地或者不能自主地反而要讲话和向外看。这是因为他当初并不觉得,后来你暗示他一个意思,他有了这个意思就要现之于事实了。所以有时我们切记不要用消极的暗示去矫正小孩子的错误。

• 引自《儿童心理之研究》(1925 年),载《陈鹤琴全集》(第一卷),第 148 页

四

儿童道德与社会性发展

1. 我们不论在家庭、在学校,当设置极好的环境,使儿童模仿,不过同时要教他鉴别是非善恶,务使他达到"择其善者而从之,其不善者而改之"的地步。

· 引自《儿童心理及教育儿童之方法》(1921年),载《陈鹤琴全集》(第一卷),第2页

2. 儿童善恶的观念很薄弱,所以他不能选择事物去模仿的。比方他看见父亲吐痰,他也要吐;看见父亲吃烟,他也要吃。他模仿这种动作,并不知道有什么坏结果。他之所以模仿,不过是要与人表同情,并没有什么

别的意思。所以我们成人在家里和在学校里,皆要以身作则,切不可以不谨慎处之。

- 引自《儿童心理之研究》(1925年),载《陈鹤琴全集》(第一卷),第142页

3. 这里有几点要注意:(1)打是没有用处的,愈打他愈哭,而且伤父母和他的感情。(2)父母不应该强迫他做他不愿意做的事。

- 引自《儿童心理之研究》(1925年),载《陈鹤琴全集》(第一卷),第79页

4. 我们晓得小孩子生来是很好的,也是无知无识的。父母怎样做,他就怎样学。做父母的一举一动都直接或间接影响小孩子。所以做父母的是怎样的一种人,他们的小孩子大概也做怎样的一种人。不过小孩子的环境不限制于父母的一举一动,他当然也受到各种环境的影响。但是父母的影响比其他任何影响来得大。

- 引自《怎样做父母》(1935年),载《陈鹤琴全集》(第二卷),第649页

5. 所以当儿童模仿的时候，做父母的要格外当心，看他有错误，要立刻去校正他。要知错误还没成习惯的时候，是容易改正的；如果起初不去校正，那就要养成错误的习惯，而且要难改了。

- 引自《儿童心理之研究》(1925年)，载《陈鹤琴全集》(第一卷)，第140页

6. 假使你要你的小孩讲话讲得很清楚而且很有礼貌，那你自己对他说话的时候也要说得清楚，也要有礼貌。假使你要你的小孩讲话讲得很清楚而且很有礼貌，那你在他的面前对别人说话的时候，你也应当说得清楚和对别人有礼貌。

- 引自《儿童心理之研究》(1925年)，载《陈鹤琴全集》(第一卷)，第291页

7. 你要儿童说话说得很得体，做人做得很好，你要他处世接物都很得当，你一定要使他在适当的环境之内得到相当的学习。

- 引自《活教育的教学原则》(1948年)，载《陈鹤琴全集》(第

五卷),第 69 页

8. 儿童的模仿力实在是大,不仅对于言语是如此,对于一国风尚文化亦莫不如此。这样说来,寻常儿童的优劣智愚,虽有先天的基础,亦决定于后天环境的影响。倘若儿童处的环境是卑鄙龌龊的,那么难望其是光明正大的了;倘若环境是奢侈繁华的,难望其能节俭朴实的了。孟母三迁择邻,就是为了这个缘故。

• 引自《儿童心理及教育儿童之方法》(1921 年),载《陈鹤琴全集》(第一卷),第 2 页

9. 所以我们认为儿童对人的关系的感觉是很早就出现了的。但儿童社会性活动的发展,他加入了团体建立了有组织的社会生活,实开始于这个幼儿时期。假使前期的儿童是喜欢独自游戏的话,那么,现在他们对于社会合作是感觉到浓厚的兴趣了。

• 引自《儿童心理学》(1952 年),载《陈鹤琴全集》(第一卷),第 476 页

10. 我们人的活动大部分是生后学来的。儿童的身体脑筋都要渐渐地发展；儿童的道德要逐渐涵养；儿童的谋生能力也要渐渐地储蓄；人生一切的活动都要在儿童期内发展的。还有一个意思我们要明白的，就是儿童期是发展个人的最好的机会。什么言语、什么习惯、什么道德、什么能力，在儿童的时候学习最速，养成最易，发展最快。

• 引自《儿童心理之研究》(1925年)，载《陈鹤琴全集》(第一卷)，第52页

11. 现在我们的教育问题，就是要培养儿童适应周围环境的能力，使他们懂得哪些是应该做的，哪些是不应该做的。

• 引自《儿童心理之研究》(1925年)，载《陈鹤琴全集》(第一卷)，第213页

12. 总括地说，儿童情绪的发展，在乳儿时期中，可谓占重要的地位。成人所表现的情绪反应，其基础皆在乳儿时期中即已开始奠立。这一点，在研究儿童情绪问

题时,必当予以注意。

- 引自《儿童心理学》(1952年),载《陈鹤琴全集》(第一卷),第442页

13. 道德训练方法:(1)父母要以身作则。(2)不要任意摧残儿童的动作,施行种种消极性的束缚。(3)利用故事以暗示儿童的动作。(4)利用暗示。(5)实地教导。

- 引自《儿童心理之研究》(1925年),载《陈鹤琴全集》(第一卷),第338、339页

14. 说谎欺骗是人类通病,不独小孩子才有。但是诚实是一种极美的道德,谎骗是一种卑鄙的行为。我们应当竭力设法铲除谎骗,培养诚实。这就要求我们必须从儿童时代做起。

- 引自《儿童心理之研究》(1925年),载《陈鹤琴全集》(第一卷),第336页

15. 对于儿童,做父母、做教师的责任,便是如何教

导他们,使之成为健康活泼、有丰富知识、有政治觉悟和良好体魄的现代中国儿童和现代中国人。

- 引自《儿童心理学》(1952年),载《陈鹤琴全集》(第一卷),第407页

16. 因为儿童善于模仿,我们就可以利用模仿来教育儿童。好比说,我们要儿童待人接物有礼貌、有条理,那么我们自己在儿童面前,也应当有礼貌、有条理。不但对别人要这样,就是对儿童最好也能如此。我们教儿童,对人应当客气,要人家拿东西给你时要说"请"或"谢谢",儿童是否会学会这种习惯呢,就要看父母、教师本身是否能做到这一点,自己要儿童拿什么东西时,是不是用一个"请"字或"谢谢"等的语气。如果你自己一时命令儿童做这样做那样,而想要儿童不以命令来对待别人,那是绝不可能的。当然,说一声"请"或"谢谢"还不算是怎样了不起的大事情,但可见父母、教师是否以身作则,对于儿童优良习惯的养成关系是很大的。

- 引自《儿童心理学》(1952年),载《陈鹤琴全集》(第一卷),第490页

17. 幼儿在教师有计划有组织的领导下,亲自观察周围环境中的事物,通过实际的环境教育,以发展幼儿的认识力,增加其对大自然的认识,扩大幼儿的眼界,并培养幼儿五种国民公德*。

- 引自《幼儿教育的新动向》(1951年),载《陈鹤琴全集》(第二卷),第448页

18. 儿童社会性的发展,是儿童适应群体关系的主要因素。教材的选择,必须要顾到社会性的条件,给儿童团体行为以充分自由的活动,同时,要指导儿童如何在社会的目的之下来表现自己的兴趣。这种指导并非站在成人的标准上来说话,而是从日常社会行为中发展出儿童自己的标准来,使任何一个个人,不管他年龄的大小,都能在跟别人共同工作或活动的过程中来完成某一事件;并且还要学会如何顺应其周围的环境;学会如何适应其自己的社会关系。在这一新理论的支配之下,要建立教与学的方法,确是一种艰难的工作!

---

* 编者注:五种国民公德,即"五爱",指爱祖国、爱人民、爱劳动、爱科学、爱护公共财物。

- 引自《杜威为什么办实验学校》(1947年)，载《陈鹤琴全集》(第五卷)，第116、117页

19. 教育一个人要从小就注意起的，讲话怎样讲，批评怎样批评，做人的态度，对人的礼貌，以及一切的一切都要从小养成。外国有句话说"开始做得好，一半做到了"(well-begun is half done)，中国的先哲也有"慎始"的教训。一种习惯之养成，莫不由"渐"而来。

- 引自《训育的基本问题》(1946年)，载《陈鹤琴全集》(第五卷)，第103页

20. 我们对于教导儿童敬爱父母、尊敬师长，应当十分重视。因为敬爱父母、尊敬师长就是教导儿童爱祖国、爱人民的起点。

- 引自《怎样做人民的幼稚园教师》(1950年)，载《陈鹤琴全集》(第二卷)，第439页

21. 教导儿童服从真理、服从集体，养成儿童自觉的纪律性，这是儿童道德教育最重要的一部分。教师们应

当在儿童整个生活中、集体的方式下,指导儿童了解为什么要服从真理,为什么要服从集体;指导儿童如何服从真理,如何服从集体;指导儿童了解为什么要有自觉的纪律性,如何养成自觉的纪律性。

- 引自《怎样做人民的幼稚园教师》(1950 年),载《陈鹤琴全集》(第二卷),第 439 页

22. 训导的目标就是要学生知道做人。做人是顶难的,一定要从小就加以训练,养成种种优良的习惯和态度。在小孩子时代已经受了良好的教育,到了青年的时候,自然可以减少许多问题。"慎始则善终",这是必然的结果。

- 引自《训育的基本问题》(1946 年),载《陈鹤琴全集》(第五卷),第 104 页

23. 小孩子生来无所谓好,无所谓坏的。他时时喜欢游戏,我们应当想办法来满足他的欲望,同时要使得他顾到别人的幸福,要使得他参加共同的生活,要使得他爱护公共的事物。小孩子好奇的、侥幸的心理也是有

的。机遇的引诱,可以引起他的好奇。我们可以用各种游戏来满足他的侥幸心理。小孩子是好动的,他喜欢做这样、做那样,你没有东西给他做,他就要破坏,就要捣乱,所以我们要他做,要他建设,要他创造。小孩子喜欢合群,我们应当有一种正式的组织让他来发展他的能力,来养成他们的群性。我们要处处顾到儿童的心理,我们要用各种替代的方法来满足他的欲望,来发展他的个性,来培养他的人格。

• 引自《活教育的教学原则》(1948年),载《陈鹤琴全集》(第五卷),第88页

24. 活教育不是消极的,是积极的。你不要禁止小孩子不做这样、不做那样,你要教小孩子做这样、做那样。你不要禁止乱抛纸屑,你要鼓励小孩子把地上的纸屑拾起来,丢在纸篓里。你不要禁止小孩子在墙上乱涂,你要鼓励小孩子把肮脏的墙壁怎样刷白。你不要禁止小孩子高声说话,你要鼓励小孩子在公共场所怎样轻轻地讲话。一切的一切,你要用鼓励的方法来控制儿童

的行为,来督促儿童的求学。消极的制裁不会产生多大的效果,有时候反而容易引起他的反感呢!

- 引自《活教育的教学原则》(1948年),载《陈鹤琴全集》(第五卷),第72页

25. 要使儿童日后成长为社会成员之一,必须要从小培养儿童习惯于集体生活开始。因此,教师们必须严格地执行生活程序,并以身作则从关心和爱护幼儿出发,使幼儿无形之中受到影响,能够帮助他人,爱护他人,培养其对事物的同情心,发挥团结友爱的精神,抑制和消除自己不合理的欲望。

- 引自《幼儿教育的新动向》(1951年),载《陈鹤琴全集》(第二卷),第447页

26. 儿童求助与助人的行为,说明即使在生长的初期,儿童的互助态度也已开始发展。这种发展,或者就是儿童心理发展过程中的一个必然倾向。因为儿童自从离开母体之后,他首先所接触到的,便是一个"人"的社会。他开始与母体接触,与父体接触,与自己的兄弟

姐妹们接触，与邻居及同学乃至于整个人群相接触。每一个接触的机会，都给儿童以适宜的刺激，而促使儿童的不断发展。从求助与助人的经验之中，一种生活必须依存于社会的意识，才逐渐地建立起来，丰富起来，构成一股互助的巨流。

- 引自《世界儿童互助运动》(1947年)，载《陈鹤琴全集》(第四卷)，第334页

27. 儿童互助运动，不但是适应儿童心理发展的倾向，同时，它更是今日世界所迫切要求于我们儿童的任务。毋庸讳言，儿童互助的心理倾向，是建立在人类生活社会化的基础之上的。人类生活社会化的程度愈益加深，则社会所要求于人类的互助生活亦愈感迫切。

- 引自《世界儿童互助运动》(1947年)，载《陈鹤琴全集》(第四卷)，第334页

28. 在传统的学校教育之下，儿童的一切工作，都是在被动的情境下进行的。在儿童心里觉得这是老师叫我做的工作。这样，工作就变成"还债"式的了。因此，

儿童的生活是枯燥的,情绪是冷淡的。总之,埋没了儿童的力量,摧残了儿童的创造力。从这一个观点上来看,全中国的儿童都是不幸的,他们做了父母的奴隶,做了老师的奴隶,儿童要从家庭和学校的牢笼中解放出来。换句话说,他们要做主人,计划自己的工作,完成自己的工作,无需老师或父母越俎代庖,这样才能真正发展儿童的才能。在自由和独立的情境中,他们对于工作是热烈的,他们有力量来完成自己的计划。

- 引自《重视儿童的力量》(1947年),载《陈鹤琴全集》(第四卷),第339页

29. 根据最新的教育理论,儿童的学习应当是集体的、互助的,因为大家的意见一定比个人的意见来得完美。一级里有一个儿童成绩不好,全级的儿童都有责任帮助他取得成功。而且,儿童教儿童完全合乎学习心理的原则,因为他们的话语和思想逻辑完全是相同的。

- 引自《重视儿童的力量》(1947年),载《陈鹤琴全集》(第四卷),第340页

30. 儿童互助的事业，应当由儿童自己来主持，教师仅处在指导的地位。我们一面要认识儿童是有力量的，同时，不可否认儿童是没有成熟的，需要老师的指导。可是指导应遵守两个原则：(1) 凡是儿童能够想的，让他自己想；儿童能够做的，让他自己做，必要时才给他指导。(2) 指导的目的是发扬儿童的才能，不是抑制儿童的活动。

- 引自《重视儿童的力量》(1947年)，载《陈鹤琴全集》(第四卷)，第340页

五

儿童的认知与学习

1. 我们晓得一个儿童生来无知无识的,试问他怎样能有知有识呢?他生来并不知道冰是冷的,火是热的,铁是坚的,水是弱的,那样东西的性质,这样东西的滋味;他怎样能支配工具,怎样能控制万物;他的身体怎样能得着运动,他的道德怎样能发展,他的智力怎样能增进,他的群育怎样能养成,这些就都是他的好动心的功劳。虽然不能完全归功于这个好动心,但是要使儿童得到健康的发展,那这是很要紧的利器。他摸着铁,就觉得铁的坚性;他吃了冰,就知道冰的冷性;他玩这样弄那样,就渐渐从无知无能的地步,到有知有能的地步。这样说来，从前我们教育儿童的方法，实在是大错了。我们应当给他充分的机会、适当的刺激，使他多与万物相接触才好。

• 引自《儿童心理及教育儿童之方法》（1921年），载《陈鹤琴全集》（第一卷），第2页

2. 知识和智力很有分别的。旧教育是注重于知识的注入，弄得儿童成了装物件的器皿，把知识一件一件地装进去。新教育就是要在知识以外加上智力的开发。从范围说起来，智力和知识是有交叉的两个圆，但是智力的圆比知识的圆要大得多了。同时也可以说，知识是以成人为主体的，智力是以儿童为主体的。智力上的能力是活的，积累许多知识是死的。

• 引自《幼稚教育》（1926年），载《陈鹤琴全集》（第二卷），第17页

3. 笼统说来，环境、教育（学习）是起主要作用的，但遗传也不可忽视。小孩子的天赋虽好，必藉后天的教育方能得着发展；反而言之，后天的教育任凭怎样优良，若

无先天的遗传为之基础,也无所施其技的。所以,天赋与教育都是很重要的。

- 引自《家庭教育》(1925年),载《陈鹤琴全集》(第二卷),第528页

4. 教育目的中有一条是丰富儿童的经验。一个无知识的人,如何经过几年的教育能够使他成为有知识的人,这是教育上的大问题。虽然我们还没有完全解决这个问题,但是我们已经得着一句最简括的话:"经验是知识之门。"

- 引自《幼稚教育》(1926年),载《陈鹤琴全集》(第二卷),第20页

5. 怎样使儿童有经验呢?有两种方法:(1)直接的。一切经验都是儿童亲身力行得来的。例如蚕丝,要儿童明了其来源与蚕吐丝的整个过程,最好让他亲自来养蚕。这一条,就是自动的原则。教育者无论如何不能代替儿童做事,也无论如何不能完全用抽象的概念来施教。(2)间接的。不能直接得到的经验,如虎、狼等,在

小地方看不到，又怎样呢？这类经验在人生生活里也占重要地位，考源它们的来由，大都由间接来的。例如，教虎、狼等，不能用实物，就用很逼真的图画来代替。不过这样教法，在幼稚园里应当减少到最小限度。

- 引自《幼稚教育》(1926年)，载《陈鹤琴全集》(第二卷)，第21页

6. 儿童如果没有模仿的能力，绝对不能模仿。所以四五个月的小孩，不能模仿写字、读书、缝纫等事，只能模仿声音。所以不要勉强儿童模仿他所不能模仿的东西。

- 引自《儿童心理之研究》(1925年)，载《陈鹤琴全集》(第一卷)，第141页

7. 好奇心关于儿童之发展、文化之造就，具莫大势力。儿童凡对于一切新的东西就生出好奇心。一好奇，就要与新的东西相接近。一接近，那就晓得这个东西的性质了。假使儿童与新的境地接触愈多，他的知识愈广。虽然由好奇心所得的知识，一时不发生效力，但后

来于实用上很关紧要的。

- 引自《儿童心理及教育儿童之方法》(1921年),载《陈鹤琴全集》(第一卷),第3页

8. 柏拉图曾经说过:"好奇心是知识之母。"可惜我们不会利用这种利器。儿童一到学校,就受注入的教育,没有发展好奇心的余地。所以现在我要请掌教职的人,当利用儿童的好奇心,引导他至学问的境界,并不仅以新的经历、新的东西引起他的好奇心罢了。

- 引自《儿童心理及教育儿童之方法》(1921年),载《陈鹤琴全集》(第一卷),第4页

9. 我们要想儿童的发展不受障碍就应该让儿童去做他所能做的事情。至于思想也是一样,凡是儿童自己能够想,你切不可代他去想,使儿童获得充分思想的机会,并当特意发生种种新的动境、新的问题让儿童来适应,来解决。经验是思想的根本,语言是思想的利器,使儿童能获得丰富的经验,教儿童能喜用语言文字及学习种种美术,都是我们做父母、教师的责任。至于改正儿

童谬误的思想,那么更需要有积极的态度。

- 引自《儿童心理学》(1952年),载《陈鹤琴全集》(第一卷),第489页

10. 因为书本上得到的知识,都是间接的知识,它是别人的经验,而并非自己所有的经验,并非直接获得的知识。间接的知识、别人的经验,我们固然要学,但是单凭读书看书所得到的知识与理论,往往是不够的。研究任何一门学问,我们还应当直接地去调查,去观察与实验,用事实来证验理论,这样的学问,才算是真学问。

- 引自《儿童心理学》(1952年),载《陈鹤琴全集》(第一卷),第408页

11. 新生的一刹那间,在人类的生命过程来说,实是一个重要的关键,从这一新生的刹那间开始,婴儿便永远地脱离了他那曾经居住了十个月的老家——母体的子宫而进入了新的世界。在这里,他开始接受无限复杂的刺激。新陈代谢作用,也不再和他的母体发生联带的关系了,从这一刹那间开始,他便逐渐地向着独立的生

活发展。

- 引自《儿童心理学》(1952年),载《陈鹤琴全集》(第一卷),第413页

12. 不仅新生婴儿已经开始了学习,而且新生婴儿的教育,每能影响儿童的一生,与其身体是否健康,关系更大。不过新生婴儿教育的重点,在于建立儿童健康身体的基础,同时使优良习惯的形成有一个初始的基础。

- 引自《儿童心理学》(1952年),载《陈鹤琴全集》(第一卷),第423页

13. 关于言语教育,首先要紧的就是使儿童把学习言语作为游戏一般乐于接受。许多父母往往深恐儿童言语发展得太迟,有碍于做父母的面子,于是,每有拔苗助长的企图,勉强儿童学习说话,致使儿童对于言语发生厌恶恐惧的心理。如此,不但无益于儿童的言语发展,反而阻塞了发展的道路,这是成人们切忌之一。

- 引自《儿童心理学》(1952年),载《陈鹤琴全集》(第一卷),第462页

14. 举凡在学校里面各种的活动、各种的教学,你都不应该直接去告诉他种种的结果,应当让儿童自己去实验,去思想,去求结果。他的方法不一定对,他的思想不一定正确,他所获得的结果不一定满意。我们教师的责任,是从旁指导儿童,怎样研究,怎样思想。越俎代庖,是教学中的大错。直接经验,自己思想,是学习中的惟一门径。

• 引自《活教育的教学原则》(1948年),载《陈鹤琴全集》(第五卷),第69页

15. 所谓"步儿",顾名思义,就是指开始步行的儿童。在这一时期中,儿童心理上最大的表现,便是"步行"。他学习步行,开始步行,乐于步行。于是,跑呀、跳呀,他都特别感兴趣,并迅速有所进步。但是这并不是说,在步儿期间,儿童除了步行的发展之外,便没有其他的活动;相反,儿童的语言、智力,在这里都表现着显著的进步。所以,当我们要观察步儿的心理活动时,要注意他的步行的发展,以及语言及智力的演变。

- 引自《儿童心理学》(1952年)，载《陈鹤琴全集》(第一卷)，第448页

16. 总之，行走的活动，虽然是儿童生长过程中自然的趋势，但成人能给儿童以适当的指导则可以促进儿童行走活动的发展。

- 引自《儿童心理学》(1952年)，载《陈鹤琴全集》(第一卷)，第443、444页

17. 行走是一件宝贵的活动，在地球上除了人类能直起身子用两脚行走之外，再也找不出第二种动物来。我们通常所看到的猩猩或猴子，它们虽然也能偶尔站起来行走几步，但是无论如何，它们总不能走得像我们人类一样。因此，也有人认为人类之所以能成为万物之灵，直身行走亦是主要因素之一，足见行走是怎样的重要。

- 引自《儿童心理学》(1952年)，载《陈鹤琴全集》(第一卷)，第453页

18. 行走是儿童全身各部分大联合的最显著的活动之一,同时也是一种大筋肉的活动。对于儿童的行走,我们必须顺应其自然的发展趋势,而后给予正确的指导。操之过急,固有害于儿童,但姑息阻止,也是会妨碍其正常发展的。总之,积极的暗示与鼓励,乃儿童行走发展的一大推动力。

• 引自《儿童心理学》(1952年),载《陈鹤琴全集》(第一卷),第462页

19. 低能是可以教育的,他们虽然不能如常态儿童一样地接受普通学校教育,但他们都可以在优良的指导之下发展成一个有用的人。换句话说,他们都可以在可能范围以内,不必依赖社会的消极救济来过活。

• 引自《低能儿童之研究》(1948年),载《陈鹤琴全集》(第一卷),第542页

20. 思想是最高的智力作用,也是支配万物、创造文化最紧要的利器。不过人的思想不是生来就有的,也不是成人所能独占的,乃是生后渐渐地发展的。

- 引自《儿童心理之研究》(1925 年),载《陈鹤琴全集》(第一卷),第 328 页

21. 我们一般家庭的长辈和学校里的教师常常以儿童的不合理性的思想,作为他们的讥诮品。做师长虽或无意害儿童,而儿童的思想就大受影响了。
- 引自《儿童心理之研究》(1925 年),载《陈鹤琴全集》(第一卷),第 329 页

22. 发展儿童思想的教育方法:(1)儿童自己能思想到的,你切不可代他思想。(2)使儿童得到充分的思想机会。当特意设置种种新动境、新问题,叫儿童来适应、来解决。(3)使儿童得到丰富的经验,经验是思想之根本。(4)教儿童善用言语文字以及学习种种美术。言语是思想的利器。(5)改正儿童谬误的思想。
- 引自《儿童心理之研究》(1925 年),载《陈鹤琴全集》(第一卷),第 331 页

23. 所谓教育,它所要求的是积极地发展儿童的才

能,积极地提高儿童的兴趣。但一般人,每受传统的教育所影响,而把教育看作了消极的管理,忽视了积极的启发,反而限制了儿童的活动;另一方面,他们不积极地暗示儿童,鼓励儿童,而是处处批评儿童,讥笑儿童,殊不知道这种不良态度,正足以摧残儿童的成长。

· 引自《儿童心理学》(1952年),载《陈鹤琴全集》(第一卷),第488页

24. 让儿童使用自己的手脑。儿童有自己的思想,儿童有自己的力量,不让儿童自己去做他所能做的事情,不让儿童去想他所能想的事情,等于阻止了儿童心身的发展。所以,让儿童使用自己的手脑,确是一件要紧的事情,但一般父母、教师,往往忽视了这回事。

· 引自《儿童心理学》(1952年),载《陈鹤琴全集》(第一卷),第488页

25. 小孩子生来是无知无识的,没有什么能力的。后来与环境、社会相接触始渐渐地稍有知识,稍有能力了。他与环境和社会相接触的机会愈多,他的知识愈丰

富,他的能力也愈充分。倘使我们不给他玩弄沙土,他断不会知道沙土的性质;倘使我们不让他与猫狗等动物相接触,他哪里会知道猫狗等动物的生活;倘使我们不带他到街上去观察人们的生活,他哪里会晓得民生的艰难;倘使他没有别的小孩子做伴侣,他哪里能够学得做人的道理。

• 引自《现今幼稚教育之弊病》(1924年),载《陈鹤琴全集》(第二卷),第1页

26. 小孩子的知识是由经验得来的。所接触的环境愈广,所得的知识当然愈多。所以我们要使小孩子与环境有充分的接触。这样说来,我们不应把幼稚园的儿童关在游戏室内,使他们与外界和环境不发生直接的接触。然而看看我们中国的幼稚园,幼稚生的生活几乎都是室内的生活。邻近即使有田园有街市,却不领幼稚生到外面去看看,只呆板地天天叫他在一间小房子内生活。虽有幼稚园的教师有时领儿童到外边去游览,但那也是偶一为之而已。我知道有一个幼稚园设在楼上的,

儿童所有的地方不过几个房间,像这种幼稚园,我们就称它为"幼稚监狱"也不十分过分。我也知道好几个幼稚园,他们所有的儿童太多,而所有的游戏室太小,因此,儿童在游戏时,不是你碰着我,就是我撞着你。所以照我个人的眼光看起来,现在幼稚园的弊病,并不在乎没有房间可以游戏,而在乎没有与环境和社会相接触的机会。

· 引自《现今幼稚教育之弊病》(1924年),载《陈鹤琴全集》(第二卷),第2页

27. 言语是人类建立社会关系的主要因素之一。人们借言语之助,使思想的交换成为可能,固然在社会关系的沟通方面,图画、文字等也非常重要,但最简单而最基本的工具,还是要算言语。

· 引自《儿童心理学》(1952年),载《陈鹤琴全集》(第一卷),第459页

28. 儿童的思维发展是从具体到抽象的。儿童在发展初期,形象思维多于概念思维,因此形象式的直观教

学法对于发展儿童的思维是有很大帮助的。

- 引自《夸美纽斯的教育理论》(1955年)，载《陈鹤琴全集》(第五卷)，第275页

29. 为了使儿童容易接受知识，夸美纽斯建议应由简单到复杂，由具体到抽象，由事实到结论，由易到难，由近及远。他又劝告说，实例应先于规则。

- 引自《夸美纽斯的教育理论》(1955年)，载《陈鹤琴全集》(第五卷)，第276页

30. 在现代许多学校中，他们只命令儿童去记些对他们毫无用处的知识，或者命令他们去学习一些在他们长远的将来才偶然有些用处的技能。他们完全忽视了真知的获得，乃为实践的结果、经验的赐与。经验是知识的源泉，必须让儿童在实际活动中来发现其创造与发明之路。

- 引自《杜威为什么办实验学校》(1947年)，载《陈鹤琴全集》(第五卷)，第117页

31. 在发展儿童的知识与技能的时候，必须广泛地研究大自然中的各种现象，并且必须和儿童的本身生活联系起来。

- 引自《夸美纽斯的教育理论》(1955年)，载《陈鹤琴全集》(第五卷)，第266页

32. 感觉训练是认识一切环境的基础。"生而知之"是不可能的。儿童对于环境中各种事物的认识一定要眼睛看到，耳朵听到，手接触到，才能了解事物的真相和性质。著名的女教育家蒙台梭利认为训练儿童的感觉是非常重要的，这是很正确的。

- 引自《怎样做人民的幼稚园教师》(1950年)，载《陈鹤琴全集》(第二卷)，第438、439页

33. 总之，数学观念是慢慢发展的，我们做教师的不必强其速进。不过儿童已到了第三步，我们不要让他回到第二步，或尽管让他留在第三步，以养成他的懒惰习惯而荒废他的宝贵光阴。

- 引自《数学观念是怎样发展的》(1928年)，载《陈鹤琴全

集》（第四卷），第 60 页

34. 用眼的学习比用耳的学习准确。这一点成人也是一样。俗话说"耳听是虚，眼见是实"。所以我们除了音乐和专门用耳的课程外，应该注重视觉的教育。美国教育界用影片的教育，风行一时，效果亦非常之大。中国现在要照美国的办法，当然是做不到的。不过实物的观察和实地的试验，总要充分地利用才是。

- 引自《几条重要的教学原则》(1928 年)，载《陈鹤琴全集》（第四卷），第 38 页

35. 开始的学习，要特别留意，特别慎重。有一句格言"开首做得好，一半做好了"。这话实在是不错，尤其是儿童先入为主，如习惯的养成、技能的学习，开首好，就得好；开首不好，将来除了重新练习外，还要加上一倍校正的工夫。这岂不是不但无益，而反有害么？

- 引自《几条重要的教学原则》(1928 年)，载《陈鹤琴全集》（第四卷），第 38 页

36. 分类的比较,最能得到正确的观念。我们教授学生,是要他们从不知道进而至于知道。要他们知道,就要利用他们已经知道的东西来联络比较。譬如把动物狼教儿童,我们就要先把儿童已经看过的狗来比较说,狼的身体像狗,它的脚高些。又如说老虎的样子像猫,但是它的身体和牛一般大。狼和老虎,我们不易看到;狗和牛是儿童常常看到的。这种分类的比较,利用儿童原有的经验,对新事物发生许多观念,对于新事物就容易记忆,可以得到正确的观念了。

- 引自《几条重要的教学原则》(1928年),载《陈鹤琴全集》(第四卷),第38、39页

37. 数目观念当然是很繁复的。有的很简单,有的很抽象。数数是种观念,加、减、乘、除中的各种步骤都代表各数目观念。我们现在要做的,就是要把小孩子的数目观念调查得清清楚楚,什么年龄有什么观念,应当学什么算学,这是从一般的儿童来讲,对于个别的儿童,我们也应当有一个适当的算学教材。有的儿童,对于某

种数目观念,有了相当程度的理解能力,我们方才教他一种算学。有的儿童还没有得到某种数目观念,我们不必勉强他学习那种数目观念的算学。我们要因材施教。

- 引自《为什么小孩子不喜欢算学》(1942年),载《陈鹤琴全集》(第四卷),第63页

六

家庭教育

1. 幼儿自一出生,就得到父母和家庭成员的保护和关怀。幼儿在家庭中感到温暖,得到抚爱,这对幼儿的感觉和情感上的发展特别重要。同时,幼儿个性形成的最初基础,也是在家庭中奠定的。家庭对幼儿的思想和行为习惯的影响是极大的。家长是子女的第一个老师,父母应尽到教育好孩子的责任。

• 引自《切实开展对幼儿教育的科学实验》(1979年),载《陈鹤琴全集》(第二卷),第504页

2. 但我确实认为,教小孩子要从小教起,若小时不

教,大来就不容易教了。教小孩子不但要从小教起,而且开始教的时候必须要教得好。一次学错,第二次就容易做错,所谓"一误再误",到后来养成"第二个天性",就不容易改变了。

- 引自《切实开展对幼儿教育的科学实验》(1979年),载《陈鹤琴全集》(第二卷),第505页

3. 养成好习惯难,养成坏习惯易。做父母或做教师的要使小孩子养成良好的习惯,在好习惯未成的时候,不准小孩子有例外的动作。

- 引自《家庭教育》(1925年),载《陈鹤琴全集》(第二卷),第532页

4. 一个贤明的母亲是应当详细地启发儿童利用他的发问而进行教育工作,即使自己不知道,也应老实地告诉他,我不晓得,或者要他去问爸爸或哥哥。我们不但是有问必答,而且,最好的是要常常带儿童出去看看外面的情形,借以激发他的好问心来丰富他的知识与经验,在生活中来教儿童,实是一种最好的教育方法。

- 引自《儿童心理学》(1952年),载《陈鹤琴全集》(第一卷),第489、490页

5. 我们做父母的要晓得小孩子是小孩子,他的经验不像成人的丰富,他的做事能力不像成人的强大,他的知识不像成人的充分。所以我们不要以成人的标准去批评小孩子的工作才好。

- 引自《家庭教育》(1925年),载《陈鹤琴全集》(第二卷),第537页

6. 我们还看到有些父母,在雷电交作的时候,就惊慌失措,连忙闭着窗户,并且紧抱小孩,要他不要做声。结果使得小孩大了也惧怕雷电。其实,雷电是自然界很美丽的现象,对较大的小孩,我们正可利用雷电的时候,启发引导他们来研究雷电的现象,提高他们对科学研究的兴趣。至于幼小的儿童,我们也决不可暗示他们,以免使他发生惧怕。

- 引自《儿童心理学》(1925年),载《陈鹤琴全集》(第一卷),第444页

7. 做父母、做教师的这个责任是重大的。漫不经心与敷衍塞责的作风，不但永远完不成自己的任务，而且，对于整个民族的子孙，也会种下深刻的祸害。如何建立父母与教师的人生态度？如何改变旧社会成人对儿童的不良影响？这不仅是一个教育问题而已，整个社会与制度都负有责任。

• 引自《儿童心理学》(1952年)，载《陈鹤琴全集》(第一卷)，第407页

8. 做父母、做教师的，要怎样来实践他们教导儿童的责任呢？我觉得可靠的途径之一，便是要了解儿童，了解儿童的喜怒哀乐、儿童的生长与成熟、儿童的学习与思想、儿童的环境以及从儿童新生到成长的整个过程当中所产生的一切变化与现象，我们都应有相当的研究与认识。只有在了解儿童之后，我们对儿童的教导，才能确实有效。

• 引自《儿童心理学》(1952年)，载《陈鹤琴全集》(第一卷)，第407页

9. 儿童的性格基础是在家庭中建立的，这在苏联是一个肯定的教育原则。学校工作的成功要依赖家庭的协助和合作，所以各学校都设有父母委员会，校长和教师必须出席。他们经常举行座谈会，讨论儿童的训练问题；举行演讲会，请教育家、心理学家、社会工作者及医生对父母讲演。另外，父母自己按着学校的需要，捐助物资，帮助孤儿或穷苦的儿童或伤病者的儿女。有时学校缺乏教师，父母都自动出来解决学校的困难。在学校方面，教师必须访问学生家庭，认识家庭环境，而且同父母建立友谊的关系。

• 引自《苏联的儿童教育》(1950年)，载《陈鹤琴全集》(第四卷)，第367页

10. 一个成人的情绪表现，有许多是由他幼小时代的情绪生活来决定的。在我们的时代里，真不知有多少成人，他们的不良情绪反应，是由于小时候经验的结果。所以，在儿童幼小时来培养其优良习惯，的确是非常重要的。

- 引自《儿童心理学》(1925年),载《陈鹤琴全集》(第一卷),第444页

11. 姑息儿童固然不妥当,严厉管束,同样地对儿童无益。做父母或教师的,对这一点应当有适当的调节与改进,以教育儿童来作为自己的责任。

- 引自《儿童心理学》(1952年),载《陈鹤琴全集》(第一卷),第488页

12. 要教养儿童,我们非要懂得儿童的生理和心理不可。现在我们教养儿童必须要研究儿童的身体如何发育,儿童的心理如何发展,儿童的知识如何获得,儿童的人格如何培养,这种种问题要在未做父母之前应当有初步的研究;既做父母之后,应当继续不断地注意。

- 引自《怎样做父母》(1935年),载《陈鹤琴全集》(第二卷),第650页

13. 让儿童自己有活动的园地。许多的父母教师或者是因为过分疼爱小孩子的关系,不让儿童有适当的游

戏场所或者适当的伴侣,他们总喜欢把儿童关在房间中,让他一个人自己孤处。这种办法,对年幼的儿童,当他没有社会活动的必要的时期内,可说是合适的处置,但现在儿童已开始找寻游伴,而且,在许多活动方面,都开始扩展其范围,如果你还是把他关在冷静狭隘的房间中,不但无益,反而会限制儿童的正常发展。

- 引自《儿童心理学》(1952年),载《陈鹤琴全集》(第一卷),第489页

14. 一切教育,没有再比幼稚教育更与家庭有密切的关系了。幼稚生初离母亲的怀抱,父母爱护之忱正是浓厚,加以在家中的时间较多,倘若不和家庭去合作,成效必少,这是幼稚园要借助于家庭之处。

- 引自《幼稚教育》(1926年),载《陈鹤琴全集》(第二卷),第14页

15. 若从小受了良好的家庭教育,虽生来怕狗猫,到大来也敢骑牛马的;虽生来不甚强壮,到大来也会健康的。若家庭教育不好,小孩子本来不怕动物,大来会怕

的；本来身体强健的，大来会瘦弱的。至于知识之丰富与否，思想之发展与否，良好习惯之养成与否，家庭教育实应负完全的责任。

- 引自《家庭教育》(1925年)，载《陈鹤琴全集》(第二卷)，第522页

16. 儿童生来所怕的东西不多，惧怕大都是后天养成的。家庭教育之不良，周围邻居之恶劣影响，于是慢慢养成了种种惧怕的习惯，如怕黑暗、怕蚯蚓、怕狗、怕猫、怕昆虫等，都是对于人生有很多不便的影响。幼稚园教师应该常常带儿童去接触万事万物，如捉昆虫、与猫狗玩耍等，又如常带儿童登高、溜滑梯等，这些都是消除惧怕情绪的好方法。

- 引自《幼稚教育》(1926年)，载《陈鹤琴全集》(第二卷)，第19页

17. 假定你看见小孩子跌倒了，你就很慌张地跑过去对他说："小朋友，不要哭，不要哭，跌痛了没有？"本来他可以不哭的，给你这样一说，他反而哭起来；本来他不

觉得很痛的,给你这样一说,他反而觉得痛了。究竟你应当怎样做呢?你可以对他说:"小朋友,真乖!跌了一跤,自己会起来,真能干!"这样一鼓励,他要哭也不哭了,即使有点痛,他也会咬着牙齿,忍着痛苦了。

- 引自《活教育的教学原则》(1948年),载《陈鹤琴全集》(第五卷),第83页

18. 要身体健康,必须有相当运动的技能。中国旧式家庭养小孩,怕风怕雨,不让孩子出门去玩,弄得孩子像个半截木偶,何等可怜。在幼稚园里的儿童,对于人生必须的几种基本动作,都应该养成。例如,跑步、跳跃、爬高、掷物、骑脚踏车、坐雪车、打秋千、溜滑梯等,一方面培养儿童各种技能,另一方面又能培养勇敢精神,使他们稍踏危境而不惧。

- 引自《幼稚教育》(1926年),载《陈鹤琴全集》(第二卷),第17页

19. "清洁"是幼稚园里一个很重要、很难解决的问题。一园之中有许多不清洁的小孩子,蓬着头,流着鼻

涕，牙齿也不刷，衣衫也不换；有时候，两目还有沙眼，皮肤还有癣疥，这样的小孩子本身是一点没有罪过的，也是不应该吃这种苦的，负这种责任的，当然是他们的父母。所以要使小孩子爱清洁，我们不得不同家庭合作共谋解决这个重要问题的办法。

- 引自《幼稚教育》(1926年)，载《陈鹤琴全集》(第二卷)，第69页

20. 营养对儿童的健康是非常重要的，而合理的衣着也不能忽视。如质料的选择、式样的选择，教师都可以向母亲们建议。有的孩子四五岁了，母亲还是给他穿开裆裤，这是有碍个人卫生的；还有些孩子，一到冬天就被长袍大褂束缚得连走路也成问题了。诸如此类，幼稚园教师应该随时指导母亲们纠正过来，或者选一个适当的机会向母亲们做一次集体的教育，以便使儿童们得到合理的衣着。

- 引自《怎样做人民的幼稚园教师》(1950年)，载《陈鹤琴全集》(第二卷)，第438页

21. 幼稚教育，原属父母的责任，从前是没有另立学校去教育那些幼儿的，就是现在有幼稚园了，那它究竟不能代替父母。没有家庭的合作，也决不能教育得有十分的实效。这不但因为儿童与父母相亲的爱力深，相处的时间长，他们对于儿童的影响从而也较大，往往儿童在学校得到一些好处，抵挡不住家庭环境的坏处，而且在现今中国的家庭，似更有联络的必要。

• 引自《〈幼稚教育〉发刊词》(1927年)，载《陈鹤琴全集》(第二卷)，第73页

22. 有许多父母，深恐儿童爬行时会跌伤或是把衣服弄脏，便禁止儿童爬行。哪知道爬行是儿童学习行走的最好的练习机会。儿童可以因爬行而使背肌充分地发展。禁止儿童爬行，无异于剥夺儿童学习行走的机会。父母的这种态度，首先必须改变。

• 引自《儿童心理学》(1952年)，载《陈鹤琴全集》(第一卷)，第443页

23. 要使儿童获得全面的发展，必须密切地与家庭联

系，因为家庭中的日常生活、父母兄弟的言语举止都足以影响幼儿。所以幼儿园必须有计划地做好对家长的工作，使家长们能不断地扩大教育眼光，齐心合力来教育幼儿，这样双管齐下，幼儿教育的效果就可以"事半功倍"了。

- 引自《幼儿教育的新动向》(1951年)，载《陈鹤琴全集》(第二卷)，第448页

24. 在旧社会，父母对于子女都抱有很大希望，而这种希望，常常是极端自私的，不是希望子女将来做大官，就是希望他将来发大财。因此，从小就培养小孩子一种个人主义，什么事情都要出人头地；什么东西都要与众不同，并且占为己有，这种心理是最不好的。

- 引自《如何使幼稚生适应新环境》(1951年)，载《陈鹤琴全集》(第二卷)，第452页

25. 单单从幼稚园一方面去做工作，还是不够的，应该跟家庭配合，要对新来的小朋友做家庭访问，了解儿童的家庭环境，与儿童及家庭建立感情，取得密切的联系，并协助家庭改正不正确的教育方法。使家庭教育与

幼稚园教育取得一致的步伐,这样,才能使儿童得到合理的教养而健康地成长。

- 引自《如何使幼稚生适应新环境》(1951年),载《陈鹤琴全集》(第二卷),第454页

第二编
现代幼儿园学说

一

幼儿园功能与培养目标

1. 幼稚教育的目标:(1) 做怎样的人(合作的精神、同情心、服务的精神);(2) 应该有怎样的身体(健康的体格、卫生习惯、技能);(3) 应该怎样开发智力(有研究的态度、有充分的知识、有表意的能力);(4) 怎样培养情绪(欣赏、快乐、打消惧怕)。

• 引自《幼稚教育》(1926年),载《陈鹤琴全集》(第二卷),第16—19页

2. 我们办幼稚园究竟为什么?我们教育儿童究竟要教养到什么地步?什么技能、什么习惯是儿童应该养

成的？什么知识、什么做人态度是儿童应当学得的？以上这几种问题，办幼稚园的大概都没有想过，或是想过而不去研究的。结果这些办幼稚园的，天天虽忙忙碌碌，到底没有什么成效，而儿童也没有什么进步。

· 引自《现今幼稚教育之弊病》(1924年)，载《陈鹤琴全集》(第二卷)，第3页

3. 幼儿教育的任务：(1) 保证幼儿的健康和身心的正常发育。(2) 发展幼儿的智力和创造力。(3) 培养幼儿初步的国民公德和国际主义精神，以及其他优良的品德。(4) 培养幼儿的爱美观念，增进幼儿愉快的精神。

· 引自《幼儿教育的新动向》(1951年)，载《陈鹤琴全集》(第二卷)，第446、447页

4. 儿童之需要甚多，总括起来是"发展个性"。个性如何能发展呢？是否独往独来可以尽量发展呢？是否年岁长大起来自然就可以逐渐发展，无需藉外力之启发呢？我们知道像鲁滨逊的孤居荒岛个性必难得到充分发展的，所以教育上就有许多问题值得研究，分析起来

可以得出三点:(1) 身体;(2) 智力;(3) 德性。

• 引自《幼稚教育》(1926年),载《陈鹤琴全集》(第二卷),第13、14页

5. 儿童在家里所接触的人不多,有许多家庭因为过分宠爱,孩子到了七八岁还是唯我独尊,毫不知做人的道德。要培养德性,非把儿童放在人群中不可。幼稚园虽然不是大的人群,但是,对四五岁的儿童来说,确是一个适宜的人群了,可以在这个人群中养成许多人类社会的德性。

• 引自《幼稚教育》(1926年),载《陈鹤琴全集》(第二卷),第14页

6. 培养成一个身体健全的人,学得种种技能,这种工作大都要有完美的设备,布置成一个很好的环境,使儿童眼之所见、手足之所接触、耳之所闻,都很能依照他的个性去活动,教师只要从旁指导,就能引起儿童个性之所好,所以幼稚教育应注重设备。

• 引自《幼稚教育》(1926年),载《陈鹤琴全集》(第二卷),第14页

7. 所以幼稚教育办得好,小学教育就容易办得多了,幼稚生教得好,小学生就容易教了。这样说来,幼稚教育实是小学教育的基础。

• 引自《幼稚教育》(1926年),载《陈鹤琴全集》(第二卷),第15页

8. 儿童、教材和教师是教育上的三大要素。三者的关系,儿童是主体,教师度量儿童的能力与个性,用种种最适宜的方法,把教材介绍给儿童。换言之,先测量儿童的个性,希望他们达到怎样的目的,然后选择最适宜的材料,使用最适宜的方法,以达到所希望的目的。

• 引自《幼稚教育》(1926年),载《陈鹤琴全集》(第二卷),第16页

9. 我们的教育不能使儿童感到快乐,也是失败之一。所谓快乐,不是用糖包药丸的方法,使儿童暂时感到快乐,我们希望儿童养成欢天喜地的快乐精神。教师的人格感化、笑口常开、和蔼可亲,这固然要紧,此外在一切教导上,都应合乎儿童的需要,采取循循善诱的方

法,并不是拿了物件,硬装进去的。硬装的方法,就会造成使儿童厌恶一切的后果。例如,读书是一件很有趣的事,教得得法,可以使儿童终身喜欢读书的,但是大多数儿童不喜欢读书,这都是因为教师强迫儿童的缘故,有了这样不好的习惯,可以说是人生最大的不幸。

- 引自《幼稚教育》(1926年),载《陈鹤琴全集》(第二卷),第18、19页

10. 要培养儿童有健康的体格,是一件很不容易的事,成人几乎要时刻留心,例如运动、饮食、衣服等,都应该合乎卫生要求。幼稚园也应该负相当的责任去指导家庭。而幼稚园最应注意的是玩具与本园的各种设备,使它们既能引起儿童好动的心理,又能时时刻刻注意卫生条件。

- 引自《幼稚教育》(1926年),载《陈鹤琴全集》(第二卷),第17页

11. 要身体健康,必须有相当的运动技能。中国旧式家庭养小孩,怕风怕雨,不让孩子出门去玩,弄得孩子

像个半截木偶,何等可怜。在幼稚园里的儿童,对于人生必须的几种基本动作,都应该养成,例如,跑步、跳跃、爬高、掷物、骑脚踏车、坐雪车、打秋千、溜滑梯等,一方面培养儿童各种技能,另一方面又能培养勇敢精神,使他们稍踏危境而不惧。

- 引自《幼稚教育》(1926年),载《陈鹤琴全集》(第二卷),第17页

12. 要培养儿童体格的健康,成人应该有良好的指导,其中养成儿童良好的卫生习惯,尤为重要。幼稚生因能力关系,当然不能要求过高,下列数项是可实行的:好清洁的观念,洗脸、刷牙、吃东西以前洗手,每晨大便,随身带清洁的手巾等习惯,幼稚生都可以做到的。

- 引自《幼稚教育》(1926年),载《陈鹤琴全集》(第二卷),第17页

13. 我们办幼稚园的主张:(1)幼稚园是要适应国情的。(2)儿童教育是幼稚园与家庭共同的责任。(3)凡儿童能够学的而又应当学的,我们都应当教他。(4)幼

稚园的课程可以以自然、社会为中心。（5）幼稚园的课程需预先拟定，但临时得以变更。（6）我们主张幼稚园第一要注意的是儿童的健康。（7）我们主张幼稚园要使儿童养成良好的习惯。（8）我们主张幼稚园应当特别注重音乐。（9）我们主张幼稚园应当有充分而适当的设备。（10）我们主张幼稚园应当采用游戏式的教学法去教导儿童。（11）我们主张幼稚生的户外生活要多。（12）我们主张幼稚园多采取小团体的教学法。（13）我们主张幼稚园的教师应当是儿童的朋友。（14）我们主张幼稚园的教师应当有充分的训练。（15）我们主张幼稚园应当有种种标准可以随时考查儿童的成绩。

• 引自《我们的主张》(1927年)，载《陈鹤琴全集》(第二卷)，第75—84页

14. 在我们开办鼓楼幼稚园的时候，我们就抱着几个主张。（1）在原则方面：① 幼稚园的教育，是要适合国情的；② 幼稚园应当有充分而适当的设备；③ 幼稚园的教师应当是儿童的朋友。（2）在课程方面：① 幼稚园的课程要以自然、社会为中心，凡是儿童能够学而又应

当学的,都应该教他;② 幼稚园应该有种种标准,可以随时考查儿童的成绩。(3) 在教学方面:① 要注意儿童的健康;② 要使儿童养成良好的习惯;③ 要特别注重音乐教育;④ 多采取小团体的教学法;⑤ 要采用游戏方式的教学法,去教导儿童。

- 引自《〈鼓楼幼稚园十周年纪念刊〉序言》(1935年),载《陈鹤琴全集》(第二卷),第238页

15. 我们对于幼稚生虽然要使他们感觉敏锐,同时也应该使他们有丰富的知识,使他们经验丰富。幼小儿童是富于想象的,但是想象的根据是经验,没有经验是不会有想象的。只要使幼稚生有机会接触自然界和社会,并好好指导他们,就可以使他们有丰富的知识。各种经验都是直接得来的,所以还要使他们有获得经验之工具和技能。例如,看图画、识字等,也应该培养这方面的技能。

- 引自《幼稚教育》(1926年),载《陈鹤琴全集》(第二卷),第18页

16. 总之，关于幼稚园所有的工作，我们应当都有一定的标准。若没有规定的标准，那儿童的能力如何，学业进步如何，品格如何，我们都无从说起。

• 引自《幼稚教育之新趋势》(1927年)，载《陈鹤琴全集》(第二卷)，第101页

17. 我们要把幼稚园、托儿所从大都市带到小都市，从城镇带到乡村，从为少数贵妇官绅服务到为农工劳动大众服务。在今后建国的过程中，我们要使每个工作妇女，都得到安心工作、无需照顾其子女的舒乐。普及工厂托儿所，普及农村托儿所，以及巡回的托儿所，使农忙时节的农村生产率提高到最高的水平。这样，我们幼稚教育的工作者，不仅是间接地参加了社会生产，而且，还正在用集体的力量，来教育民族的新生代，使他们个个都成为国家自救的斗士，个个成为现代中国人。我们不仅使托儿事业迅速发展，而且幼稚园也是这样，各县至少要有一所独立的幼稚园，各中心国民学校，应当附设幼稚园，国民学校也要附设幼稚班，以广泛地为幼稚儿

童服务,为工作妇女服务,为民族新生服务。

· 引自《战后中国的幼稚教育》(1947年),载《陈鹤琴全集》(第二卷),第423页

18. 新中国幼儿教育所负的任务,是培养全面发展的儿童,其教养原则如下:(1)要使幼儿全面地发展。(2)教材内容和教学法要和幼儿的实际生活相结合。(3)要使幼儿习惯于集体生活。(4)培养儿童独立活动的能力。(5)必修作业和选修作业必须适当配合。(6)幼儿园教育必须和家庭教育密切配合。(7)要有计划地进行教学。

· 引自《幼儿教育的新动向》(1951年),载《陈鹤琴全集》(第二卷),第447、448页

19. 幼稚园是福禄培尔(Friedrich Froebel,1782—1852)氏所首创。1837年他在德国布朗根堡(现译:勃兰登堡)森林中设立了一所幼儿学校,教养三岁到七岁的儿童。福氏以为,儿童好像花木,学校是他们的园地,而教师便是园丁,所以那学校便称为"幼稚园"。

· 引自《中国儿童教育之路》(1947年),载《陈鹤琴全集》(第

四卷),第 313 页

20. 在幼儿园至小学六年级这一阶段之间,教学的目的是在使小孩子获得均衡的发展。在这一时期,并不是专门培养儿童某一技能,或使他们精习某一特殊学科,我们不能让刚出芽的幼苗早熟结果。

- 引自《活教育要怎样实施的》(1944 年),载《陈鹤琴全集》(第四卷),第 280 页

21. 家庭教育与幼稚园教育显然是不相同的。家庭教育是单独地进行使儿童得到教养,而幼稚园的教育是使儿童在集体的教育下得到发展,如果家庭教育与幼稚园教育差别大,小孩子所发生的矛盾也大。反之,差别小,小孩子所产生的矛盾也小。

- 引自《如何使幼稚生适应新环境》(1951 年),载《陈鹤琴全集》(第二卷),第 450 页

22. 因为一个小孩子如果要成长得很好,一定要用科学合理的教养方法,举凡起居饮食,出入进退,待人接物,

都要有一定的规律,养成优良的习惯,并且要从小训练。因此,父母对于子女的爱护,应该不违背儿童心身的发展而不溺爱儿童,这是幼稚园与家庭教育不同之处。

• 引自《如何使幼稚生适应新环境》(1951年),载《陈鹤琴全集》(第二卷),第451页

二

幼儿园课程与教学原则

1. 教育是生活。这是近来实验主义派的教育学说最胜之点,也可以说近世教育最进步之点。从这条原则上看来,对于为成人而教育儿童,因预备成人生活而教育儿童等学说,都不攻自破。蒙氏的教育,其目标都在预备将来生活,又只注意于感觉方面,这是蒙氏不及近世教育新潮流之点。

• 引自《幼稚教育》(1926年),载《陈鹤琴全集》(第二卷),第61页

2. 我国兴办幼稚园年数也不少了,但是没有一个课

程,也没有一些教材,所有的幼稚园都是宗法西洋成法,不是直抄福禄贝尔,就是直抄蒙台梭利,不肯自己加以变化,也不管儿童是否受纳,是否适合儿童的脾胃,最可笑的就是舍弃近而易得的,苦心地削足适履去求合于古法。福、蒙诸氏的方法,在当时当地有他们的特殊地位,相当价值,我们现在是中国的幼稚园,似乎不便来抄用。

• 引自《一年来南京鼓楼幼稚园试验概况》(1926年),载《陈鹤琴全集》(第二卷),第5页

3. 幼稚教育的原则:(1)丰富儿童的经验。(2)有用的动作。(3)完美的环境。(4)检查体格及智力。(5)与家庭合作。(6)游戏化的教学法。(7)暗示性的教学法。(8)精密的辅导。(9)充分的预备。(10)美术思想。(11)医药常识。(12)和蔼可亲。(13)公允的态度。

• 引自《幼稚教育》(1926年),载《陈鹤琴全集》(第二卷),第20—26页

4. 幼稚教育的目标,在培养健全的新中国的幼苗,

编制课程当然要适合儿童心身的发展,以促进儿童的健康。

- 引自《幼儿园的课程》(1951年),载《陈鹤琴全集》(第二卷),第457页

5. 从前福禄贝尔主张以教师为中心,学生环绕在教师周围,如同母鸡带着小鸡。到了蒙台梭利就主张自动了,教师已站在学生旁边。近年来自由工作的声浪一天高似一天,非常尊重学生的个性发展,这个确实是好现象,但是往往流于放任,让学生自由乱动,这是最不经济的。非但教学上无效果,并且容易养成坏习惯,所以每天每个儿童至少应该受到教师几分钟的个别辅导,方才有真切的益处。据我们近年来试验的结果,幼稚园非有个别指导不可。幼稚生因年龄关系,能力太差,处处要教师从旁指导,以助其成。

- 引自《幼稚教育》(1926年),载《陈鹤琴全集》(第二卷),第25页

6. 我特别认为应根据幼儿的特点,多给儿童感性的

知识，创造各种环境和条件，多让儿童接触大自然和社会生活，多观察，多活动，扩大他们的眼界，增进幼儿的科学常识，发展他们的智力。

- 引自《切实开展对幼儿教育的科学实验》(1979年)，载《陈鹤琴全集》(第二卷)，第505页

7. 自然环境最丰富不过了，可以说全年的课程都可以取材于此。四季变换的动植物，阴晴雨雷的自然现象，没有一日是找不出新材料的，可惜幼稚园里并不注意到这层，还是天天在室内生活。

- 引自《幼稚教育》(1926年)，载《陈鹤琴全集》(第二卷)，第30页

8. 儿童的活动要自由的，要辅导的，最好要在户外做。幼稚园所用的教材要详细规定出来。这种规定的教材要活用的，当然不能"死"用的。除了规定教材外，我们应当规定幼稚园的各种成绩标准。但要彻底改造幼稚教育，非要彻底明了儿童的心理不可。

- 引自《幼稚教育之新趋势》(1927年)，载《陈鹤琴全集》(第

二卷),第 104 页

9. 幼稚园课程的原则:(1)用适应目前生活需要的方法,去达到将来生活中必会出现的事情,这是制定课程的第一条原则。(2)所有的课程都要从人生实际生活与经验里选出来。(3)富于弹性的课程,可以适应个别不同的兴趣与能力的儿童。(4)所有的课程允许重编。(5)非但要适应儿童目前的需要,尤其应该适应其他的新需要。

• 引自《幼稚教育》(1926 年),载《陈鹤琴全集》(第二卷),第 27—29 页

10. 我们怎样组织课程呢?简单地说一句:"要有目标,又要合于生活。"每学期应该有一个总设计,以决定本学期应该注重的目标。每星期又有一个预定的课程表,拟定一星期里教导的中心。但是此项课程预定表,并不是固定的、不能变换的,儿童或社会上发生临时的事情,教师就可以采为课程内容,可以把一切预先所定

的暂时搁起,重新再来做一番筹备的工作。倘若新发生的事情与预定的有些相像,那就要把它容纳进去。

- 引自《幼稚教育》(1926年),载《陈鹤琴全集》(第二卷),第29页

11. 我国现行学校制度,每逢纪念日、节气都放假,此事太无道理。错过很好的教育机会,任令儿童在家里莫名其妙地度过去,可惜之至。外国的学校对于纪念日和节气重视得很,西洋的圣诞节、感恩节,日本的天长节、樱花节,都是举国若狂,此时就可以教给儿童许多东西,实在是组织课程的大根据地。利用生日就是做寿,此事也很有意思,不过不能每个人的生日都做,每月集中做一次,是很好的。

- 引自《幼稚教育》(1926年),载《陈鹤琴全集》(第二卷),第30页

12. 我国的陶行知先生说"生活即教育",这是为一般教育工作者所承认的比较正确的说法。虽然这不是专为儿童教育下的定义,但是儿童教育既然是整个教育

的一部分,那当然也可以说是儿童教育的意义了。我们说:儿童教育是不能够和生活脱离的。

- 引自《中国儿童教育之路》(1947年),载《陈鹤琴全集》(第四卷),第310页

13. 家庭和社会生活里的东西,儿童是天天能接触到的,不过儿童是不去留心的,除非有人来指引。近今小学教育的趋势,公民与常识二科,都取材于社会实际生活。幼稚园也无异于小学。我觉得从幼稚生的能力来看,可以教的,也应该教的。切于人生生活实际需要的不教,反而教各种极抽象、与实际生活相距很远的东西,那是最不经济的事情。至于这类材料之多,和自然环境相仿佛。

- 引自《幼稚教育》(1926年),载《陈鹤琴全集》(第二卷),第30页

14. 凡是儿童,都喜欢户外生活,都喜欢野外生活的。但是看看现今一般的幼稚园,差不多很少注意到这一点。普通的幼稚园总是几间房间,把小孩子关在里

面,户外即有宽敞的空地,也不知道充分利用。要晓得空气、日光是生命的根源,运动、游戏是健康的要素。要晓得户外还有美丽的花卉、可爱的禽鸟,小孩子玩赏之余,自然可以发生审美的观念、博爱的同情,于小孩子的性情知识都有很大的补助。所以近来幼稚园颇有注意户外生活的趋势。草地、花园、户外游戏场等等是幼稚园必需的设备。万一没有草地、花园,教师必须常常带领小孩子到公园、野外去玩。

• 引自《幼稚教育之新趋势》(1927年),载《陈鹤琴全集》(第二卷),第99、100页

15. 以自然科为中心来编制课程是我们的初愿。自然科在幼稚园中是很难教的但又是很有趣味的课程。大家认为旅行去是教自然的重要方法,并且在野外的次数每星期至少有四次。但是这件工作如做得不好会变成走马看花,眼前万象毕现,结果丝毫无得,这确是一件大缺憾。因此,我们设法使儿童有普遍的注意,有特殊的注意。

- 引自《一年来南京鼓楼幼稚园试验概况》(1926 年),载《陈鹤琴全集》(第二卷),第 7 页

16. 儿童的活动是要自由的,要辅导的,最好要在户外做。幼稚园所用的教材要详细规定出来。这种规定的教材要活用的,当然不能"死"用的。除了规定教材,我们应当规定幼稚园的各种成绩标准。但要彻底改造幼稚教育,非彻底明了儿童的心理不可。

- 引自《幼稚教育之新趋势》(1927 年),载《陈鹤琴全集》(第二卷),第 104 页

17. 以前的教育,注意在读、写、算的学习,现在除此之外,尤其注意儿童的康健。因为儿童的学习与儿童的康健、身心的发育有密切的关系。儿童身心上发生了缺陷,学习便大受影响。所谓健全的精神,寓于康健的身体,是一点不错的。

- 引自《一个理想的小学校》(1928 年),载《陈鹤琴全集》(第四卷),第 35 页

第二编　现代幼儿园学说

18. 幼稚园里整天的活动,有的已经编排了一张详尽的日程表,年年如是,日日如此,一成不变地照着做各项活动;有的却编排在教师的心里,漫无中心地,每天大概做那几项活动。然而,这问题到底应该怎样解答呢?这是应该提出来讨论的。如果教师要注意到儿童心身的发展,而给予适当的活动,似乎一张日课表是必须要的。不过,这一张日课表应该是活生生的。

• 引自《怎样编排幼稚园的日课表》(1948年),载《陈鹤琴全集》(第二卷),第427页

19. 编制幼儿园课程的原则:(1)是民族的,不是欧美式的。(2)是科学的,不是封建的。(3)是大众的,不是资产阶级的。(4)是儿童化的,不是成人化的。(5)是发展的、连续的,而不是孤立的。(6)是配合目前形势和实际需要,而不是脱离现实的。(7)是适合儿童心身的发展,促进儿童的健康的。(8)培养"五爱"的国民公德和民主、团结、勇敢、守纪律的优良品质。(9)陶冶儿童的性情,培养儿童的情感。(10)要养成儿童说话的技能。

- 引自《幼儿园的课程》(1951年),载《陈鹤琴全集》(第二卷),第456、457页

20. 个人的性情和情感是要从小陶冶培养的。在幼稚园里,就要以音乐、图画、文学来陶冶儿童的性情,并从实际生活中培养情感,如对朋友的爱护、对广大劳动人民的热爱,这些都是编制课程时应该注意的。
- 引自《幼稚园的课程》(1951年),载《陈鹤琴全集》(第二卷),第457页

21. 幼稚生年龄很小,对于课程的编制,要顾到儿童心理发展与能力,不要根据成人的经验,而编制一些生硬、枯燥、高深的材料让儿童茫然不知所以地得到一些糊涂、杂乱无章的知识。
- 引自《幼儿园的课程》(1951年),载《陈鹤琴全集》(第二卷),第456、457页

22. 编制课程时,对于事物的研讨要有系统,注意事物发展的规律,以及事物与事物之间的联系,不能将一

件一件的事物孤立起来,使儿童对事物的发展得不到一个整个的概念。

- 引自《幼儿园的课程》(1951年),载《陈鹤琴全集》(第二卷),第457页

23. 各项作业的编排,要掌握由浅入深,由近及远,由个别到一般,由具体到抽象等原则。要充分利用环境、实物和多种多样的方法,以引起儿童的兴趣。而教材要适合儿童的年龄和能力,并把握儿童的特殊个性,使儿童得到良好的发展。

- 引自《幼儿教育的新动向》(1951年),载《陈鹤琴全集》(第二卷),第447页

24. 如日常生活中偶发事件的报告、家庭生活的报导、讲故事、唱儿歌等,都是养成儿童说话技能的机会。在幼稚园里要多多给予儿童以机会,并帮助儿童组织自己的思想,使儿童能够用清晰的语言,正确地表达自己的情感和思想。

- 引自《幼儿园的课程》(1951年),载《陈鹤琴全集》(第二

卷),第 457 页

25. 总之,要想教好儿童,要使我们的教育是活的,不是死的,必定要懂得儿童心理。我们应该用研究的精神去改造现在所用的各种教学法。

· 引自《什么叫做"活的教育"》(1940 年),载《陈鹤琴全集》(第五卷),第 20 页

26. 关于幼儿园教养活动项目,有以下各项活动。(1)体育,包括日常生活、卫生习惯、体操、游戏、舞蹈和律动等。(2)语言,包括谈话、讲述故事、歌谣、谜语。(3)认识环境,包括日常生活环境、社会环境、自然环境。(4)图画、手工,包括图画、纸工、泥工、其他材料作业。(5)音乐,包括唱歌、表演唱歌、听音乐、乐器表演。(6)计算,包括认识数目、心算、度量。

· 引自《幼儿教育的新动向》(1951 年),载《陈鹤琴全集》(第二卷),第 448 页

27. 我们研究任何一种教育理论或教育实际,都不

能把它看作静止不动、停顿不变的东西,而要把它看作不断运动着、不断变化着、不断革新着、不断发展着的教育过程,就是把一种教育思想转变或发展为另一种教育思想,一种教育制度转变或发展为另一种教育制度。

• 引自《教育史导言》(1955年),载《陈鹤琴全集》(第五卷),第247页

三

幼儿园教材

1. 凡日常生活习惯、职业技艺教材,都是低能儿童最需要的东西,不过当我们选择这些教材的时候,应注意以下几个原则:(1)教材是简易具体的。(2)教材是实际切用的。(3)教材是适合个性的。(4)教材是生动有趣的。

• 引自《低能儿童之研究》(1948年),载《陈鹤琴全集》(第一卷),第547、548页

2. 在浓荫绿草的田村山野之中,和活泼的儿童讲故事、做游戏等,是何等有趣的事情,非但儿童会格外地感

到兴趣,就是教师也感觉到在野外精神倍增,在施教上也更容易些。所以我们对于到野外去是不辞辛劳地做去。

• 引自《一年来南京鼓楼幼稚园试验概况》(1926年),载《陈鹤琴全集》(第二卷),第7页

3. 选择幼稚园读法材料(教材)的标准:(1)要有文学意味。虽然是一句两句的短语,但是句子是美的,意义是含蓄的。(2)可以发展儿童想象的神话物语,在幼稚园里很受欢迎。讲过故事以后,继之以读法,是极优良的材料。(3)应时的。下雪就教雪,下雨可教雨。北方多教北地东西,南方多教热带东西。(4)是完全的句子,不是单字。从前以为年岁小的,只可认单字,哪知道单字最难认的,完全的句子,意思是完整的,是有意义的,容易学,也容易教。(5)多用有韵的材料。有韵的读起来顺口,也悦耳。读法的重要目的,是快乐,有韵的语句,当作识字也可以,当作歌谣唱也可以,其他散文就不及了。(6)字句反复的机会要多。反复是不容易的。反

复不是重复,乃是有意义的复习。在散文体的故事里最要注意此点。(7)插入近于国语的方言。这是方言歌谣的格,插入正式材料里去,可以使读者发笑。(8)每次生字不能太多。(9)每次的分量不拘多少,不过最要紧的是把一件事情说得完全,至少要把一段事情说得完全。(10)不要太偏重日用字,最要紧的是儿童口吻,所以如咩咩、喵喵、吱吱等,在相当时期内,必须尽量采入。(11)可以学动物的声音,可以学外地人的趣语,但是千万不要把语文分离,不要用文言文来教幼稚生。这一点,无论如何要和社会争的。

- 引自《幼稚园的读法》(1928年),载《陈鹤琴全集》(第二卷),第184、185页

4. 每一个小朋友都应当有一本他自己的工作簿。在工作簿上编他自己的教材。譬如一个小孩子,他研究一只活的青蛙,这种研究和观察的工作就是第一个步骤"实验"。但是这种实验是不够的,他还需要更多的参考书,什么关于青蛙生活的科学小品呀,故事呀,儿歌呀,

他要这一类的书,这是他在做他的"参考"工作,也就是教学过程的第二个步骤。他在参考了这些书之后,可以写一篇关于青蛙生活的报告,或者编一个木偶戏或故事,或者是童话,或者演一幕自编自导的关于青蛙的小小戏本,这就是教学过程的第三个步骤。在这一步骤之后,老师就和小朋友一起检讨这一个学习过程,这就是第四个步骤了。

• 引自《活教育要怎样实施的》(1944年),载《陈鹤琴全集》(第四卷),第281页

四

游戏是幼儿园教学的主要方式

1. 游戏,是一种自然的、有兴趣的、活泼的运动。游戏的时候儿童不知不觉地会将他的全副精神拿出来的。因此游戏可以锻炼他的筋骨,辅助他的消化,促进他的血液循环,增加他的肺之呼吸。

- 引自《儿童心理之研究》(1925年),载《陈鹤琴全集》(第一卷),第151页

2. 各种高尚道德,几乎都可以从游戏中学得。什么自治、什么克己、什么忠信、什么独立、什么共同作业、什么理性的服从、什么纪律,这种种美德之养成,没有再比

游戏这个利器来得快、来得切实。至于公平、信实、尊敬他人的权利、勉尽个人的义务,种种懿行,亦为游戏之附属产品……总之,游戏是一种发展儿童道德之利器,吾人万不可忽略。

- 引自《儿童心理之研究》(1925年),载《陈鹤琴全集》(第一卷),第151页

3. 游戏亦能发展智力,如判断力、知觉力、观察力、想象力、创作心、冒险心,皆能从游戏中渐渐养成的。

- 引自《儿童心理之研究》(1925年),载《陈鹤琴全集》(第一卷),第152页

4. 儿童好游戏乃是天然的。近世教育利用这种活泼的本能,以发展儿童之个性与造就社会之良好分子。幼稚园教育,即根据游戏本能,中小学校亦以游戏为施教之良器。

- 引自《儿童心理及教育儿童之方法》(1921年),载《陈鹤琴全集》(第一卷),第4页

5. 强健儿童的身体,活泼儿童的精神,敏锐儿童的脑筋,发展儿童的道德,大大地可从这些复杂的、具兴趣的、有规则的游戏中得来。

• 引自《儿童心理及教育儿童之方法》(1921年),载《陈鹤琴全集》(第一卷),第6、7页

6. 儿童之好游戏,无日不然。若以广义的游戏言之,化一切工作为游戏,此为做事者临时心境问题。教读法时之游戏,乃狭义的游戏。将教材编为游戏,或将游戏放入读法教材。例如,猫捉老鼠为极普通之游戏,若附以歌词,即可教读法。认方块字,吾国旧法也,若制成骨牌,则可以变为种种游戏。当游戏时,儿童只知游戏,不觉认字之苦矣。

• 引自《幼稚教育》(1926年),载《陈鹤琴全集》(第二卷),第37页

7. 儿童游戏教育原则。(1)儿童以游戏为生活的:儿童生来好玩。外界的刺激与内部的冲动,都能引起他的动作。(2)适当的游戏:儿童既然以游戏为生活,我们应

当依儿童的年龄,给以各种游戏的工具,使他有适当的游戏。(3)儿童喜欢团体的游戏:两三岁以内的儿童,固然能独自游玩的,但也很喜欢与人共玩。独自游戏固然可以发展个性,但关于儿童的社会生活与社会道德的发展,小团体的游戏是不可缺少的。(4)儿童当与动物做伴侣:狗、猫、兔子,种种动物,是儿童很好的玩物,也是儿童很好的伴侣。儿童有了这种伴侣,一方面可以发展他的同情心,一方面可以学得动物的性情,并且可以使他不致寂寞。不过动物必须清洁、驯服,最好是从小豢养的。(5)游戏最好有音乐为之鼓兴:节奏动作,儿童非常喜欢的。(6)父母当做儿童的游戏伴侣:做父母的应当忘记年龄,来和儿童游戏,做他的伴侣。(7)游戏性的教育:儿童既喜欢游戏,我们就可以利用游戏来支配他的动作,来养成他的习惯。

- 引自《儿童心理之研究》(1925年),载《陈鹤琴全集》(第一卷),第172页

8. 究竟"玩"对小孩子有什么好处呢?(1)可以发展儿童的想象力。(2)可以丰富儿童的科学知识。(3)可

以增加儿童的兴趣。(4)可以(与其他小朋友一起玩的时候)培养儿童做人的高贵品质。什么合作、诚实、勇敢等品质,也可以在"玩"中学到的。

- 引自《教孩子们玩什么》(1951年),载《陈鹤琴全集》(第三卷),第1页

9. 一个人的身心发展在他最早的几年当中是最迅速的,也是最基础的。所以儿童各种活动动作的发展在学龄前是非常重要的。

- 引自《怎样做人民的幼稚园教师》(1950年),载《陈鹤琴全集》(第二卷),第437页

10. 幼儿园的主要方法是游戏。从游戏中去促进儿童的智力、道德、审美和体力的发展,扩大儿童的眼界、判断力、观察力和敏捷性,发展他们集体生活的习惯。

- 引自《苏联的幼儿教育》(1950年),载《陈鹤琴全集》(第二卷),第431页

11. 比赛和游戏,都是适合儿童心理的,教授上用得

得法，效力是最大的。因为儿童好胜，所以我们用比赛的方法去鼓励他们。因为儿童喜欢游戏，所以我们用游戏的方式教他们学习各种功课。但是学习比赛，务必要使胜者勿骄惰，败者勿灰心。至于游戏一层，尤须于组织教材、教法、环境、时间，各方面特别注意，方可收到良好的效果。

- 引自《几条重要的教学原则》(1928年)，载《陈鹤琴全集》(第四卷)，第39页

12. 在教学游戏化的过程中，我们做老师的还特别要注意两个问题：第一，要注意方法与目的的配合。游戏的方法，本来是为了达到教学目的而运用的，忽视了这一点，就失掉了教学的意义。例如学习算术，我们用拍球游戏来教学数字，用投圈游戏来教学加法，当小朋友已学会数与加法之后，我们竟忘记了教学的进度，还是继续做拍球投圈的游戏，致使算术课变成了游戏课，完全失去了算术教学的意义。因此，老师应当随时考查小朋友们的进度，以达到教学游戏化的要求。第二，要注意多数人活动的机会。教学游戏化最容易发生的流弊，就是由极少数成

绩较好的小朋友来做,其余的小朋友坐着看,这无异于剥夺了大多数儿童的学习机会,做老师的当特别注意这个问题。任何游戏,要以各个小朋友都能参加为准。

- 引自《活教育的教学原则》(1948年),载《陈鹤琴全集》(第五卷),第93、94页

13. 小孩子对于算学观念,还没有充分地发达,不应预先灌输给他,反使其产生厌倦,所以当初学的时候,应该用游戏的方法,使他发生兴趣。

- 引自《四年来之中国幼稚教育》(1931年),载《陈鹤琴全集》(第二卷),第236页

14. 总而言之,算学是一种很有兴趣的玩意儿。教得好,教材选得巧,小孩子一定喜欢学。教得不好,教材也选得不当,小孩子当然不喜欢学了。现在许多小孩子之所以不喜欢算学,我们可以明白了。愿我们做教师的应当善自警惕,使小孩子的前途不致被我们摧毁!

- 引自《为什么小孩子不喜欢算学》(1942年),载《陈鹤琴全集》(第四卷),第65页

五

幼儿园环境与管理

1. 教材的美术化,布置上的美术精神,本身服饰的整洁都是在无意中可以养成儿童爱好美术的观念的。

· 引自《幼稚教育》(1926年),载《陈鹤琴全集》(第二卷),第26页

2. 有刺激然后有反应,希望教育优良,改良设备也是重要条件之一。所以我们也来试验设备。我们对于设备的意见,并不主张从大商店里买几多耀目的外国货来放在玻璃橱里。我们至少有以下几个目标:(1)省钱的,勤俭美德也。(2)与当地社会情形相近似的。(3)用

本国货。(4)合于儿童心理。(5)合于教育原理,凡谋儿童的健康,增进儿童的知识,养成好习惯,得到快乐等。

- 引自《一年来南京鼓楼幼稚园试验概况》(1926年),载《陈鹤琴全集》(第二卷),第9、10页

3. 有人指责我们有丰富的设备、优良的教师……非一般社会所能办到,但是我们为试验起见,不得不多方尝试;况且我们刻刻不忘平民化的精神。我们正在试验怎样能最经济,怎样可以用极少的金钱,办极好的幼稚园。

- 引自《一年来南京鼓楼幼稚园试验概况》(1926年),载《陈鹤琴全集》(第二卷),第11页

4. 幼稚园本来是一个儿童的乐园,除了游戏室、工作室之外,幼稚园应当有个很好的花园,以便小孩子一日之中,常常在外游玩、鉴赏、学习。对于这一点,现在一般幼稚园还没有充分顾到。

- 引自《四年来之中国幼稚教育》(1931年),载《陈鹤琴全

集》(第二卷),第 234 页

5. 儿童智力是在游戏中、作业中、劳动生活中、自然社会中获得基本知识的累积。因此教师们必须设置各种游戏的环境、工作的环境,并组织儿童参加一些力所能及的劳动,随时随地向大自然大社会进攻,追求事物的真理。这是发展儿童智力的钥匙,教师们应好好地掌握,为儿童打开一道寻找智慧之门。

· 引自《怎样做人民的幼稚园教师》(1950 年),载《陈鹤琴全集》(第二卷),第 439 页

6. 在可能范围以内,置备为儿童用的东西,那是不可省的。为什么需要设备,也有其相当理由的。下列数条,就是最重要的理由。(1) 刺激儿童。(2) 强健身体。(3) 便于教学。总之,幼稚园的设备是要的,倘若能够置办得丰富,那是格外好。

· 引自《幼稚园的故事》(1928 年),载《陈鹤琴全集》(第二卷),第 201、202 页

7. 置办幼稚园设备的标准:(1)儿童化。(2)坚固耐用。(3)合乎卫生。(4)艺术意味。(5)本地风光。(6)安全。(7)多变化。

- 引自《幼稚园的设备》(1928年),载《陈鹤琴全集》(第二卷),第203页

8. 怎样置办幼稚园设备:(1)计算经费。(2)规划必需品。(3)考察物名式样。(4)探听购买处。(5)请当地匠人试做。(6)与其多买现成的东西,不如多买原料品和工具。教师自己做的东西,对之格外有感情,倘若儿童也能够参加,那就格外好了。(7)利用废物,可以增进许多设备,并且都可以成为很好的材料。

- 引自《幼稚园的设备》(1928年),载《陈鹤琴全集》(第二卷),第203、204页

9. 有了很多东西,完全陈列出来,儿童对之如入洋广货店,得不到多大利益的。所以应该把许多东西,分期地陈列出来,或者分地域地陈列出来,那儿童就可以得到利益了。(1)分类陈列法。可分为以下几类:手工

处、图画处、积木处、识字处、自然常识处、音乐故事集会处、游戏处。(2) 设计陈列法。当某种设计已经决定要做的时候,教师和儿童来视察园中需要某种东西,某部分还应该增加什么,某某几种东西暂时可以不用等等,然后大家来动手置办,装置。(3) 教师的指导。(4) 儿童自己管理设备。这是一个养成好习惯的方法。

• 引自《幼稚园的设备》(1928年),载《陈鹤琴全集》(第二卷),第205、206页

10. 娱乐和游戏对于儿童身心的发展是有重大的意义的。它可以给儿童丰富的经验,它也可以给儿童学习怎样控制情绪和怎样与人相处,还可以发展身体的技能,启发儿童的智力。因此幼稚园应该为儿童设置良好的游戏环境,指导儿童游戏,使儿童在游戏中得到良好的教育。

• 引自《怎样做人民的幼稚园教师》(1950年),载《陈鹤琴全集》(第二卷),第438页

11. 夸美纽斯重视儿童教学环境,他认为,语言学校

"应当布置得清洁美观,使儿童的心情愉快,并且应当有明亮整洁的房间,以资教学"。他也认为儿童生性爱好嬉笑和好玩的东西,而不喜欢严肃和严厉的东西。学校附近应有供学生散步和共同游戏的宽敞的场地和花园,应当使学生获得关于树木、花草的知识,并使他们能欣赏园中的美景。

- 引自《夸美纽斯的教育理论》(1955年),载《陈鹤琴全集》(第五卷),第272、273页

12. 爱美是儿童的天性。当儿童跑到一个优美的环境里面,看看四周是苍翠的树木,鲜艳的花卉,还有各种有趣的小动物,又有美丽的图片,试想他会不会发生一种美感和愉快的情感?是不是陶冶了他的性情和心灵?毫无疑义,儿童就在优美的环境里,顺着爱美的天性得到合理的发展。因此,环境艺术化是教育的一种手段,绝不可以忽略。

- 引自《怎样做人民的幼稚园教师》(1950年),载《陈鹤琴全集》(第二卷),第440页

13. 教育上的环境，在教育的过程中，起着一定的作用，这是不可否认的。大家都知道，儿童爱模仿，所谓近墨者黑，近朱者赤。毫无疑义，儿童从四周的环境中可以得到教育。因此，我们需要布置环境以充实儿童的生活环境，丰富儿童的学习资料。

• 引自《论幼儿园的环境布置》(1951年)，载《陈鹤琴全集》(第二卷)，第475页

14. 要布置怎样的幼稚园环境：(1) 审美的环境。(2) 科学的环境。

• 引自《论幼儿园的环境布置》(1951年)，载《陈鹤琴全集》(第二卷)，第475页

15. 爱美是儿童的天性，透过这种天性，可以培养儿童的情感，陶冶儿童的性情。因此，幼稚园的环境，在室外应该尽可能地开辟草场、花园、菜圃，栽培美丽鲜艳的花卉和蔬菜、绿荫浓浓的树木；在室内也应该布置一些适当的富有教育意义的挂图、画片、漫画和故事画等等，让儿童在这个美丽的环境里舒畅心身，陶冶情感。

- 引自《论幼儿园的环境布置》(1951年),载《陈鹤琴全集》(第二卷),第475页

16. 爱自然也是儿童的天性,透过这种天性,可以培养儿童爱科学爱劳动。因此,幼稚园需要布置一个科学的环境,尽可能地领导儿童栽培植物(花卉、菜蔬),布置园庭,从事浇水、除草、收获种子等工作,并饲养动物。经常指导儿童对于环绕着他们的自然界的事物和现象,进行观察和研究,从园地的栽培管理,动物的饲养以至日月星辰的变化,鸟雀鸣虫的歌声,通过儿童的双手和感官,使儿童对自然界的事物得到正确的认识,使儿童懂得自然界与自然现象之间的关系。

- 引自《论幼儿园的环境布置》(1951年),载《陈鹤琴全集》(第二卷),第475、476页

17. 幼稚园环境布置原则:(1)环境的布置要通过儿童的大脑和双手。(2)环境的布置要常常变化。(3)高度应以儿童的视线为标准。

- 引自《论幼儿园的环境布置》(1951年),载《陈鹤琴全集》

(第二卷),第 476 页

18. 幼稚园需要布置一个审美的环境和科学的环境。那么室外就可以布置花坛、菜地、小动物园。如果有池塘,就可以养鱼、养鹅,一池碧水,浮着几只白鹅,四周飘着几棵垂柳,此情此景多么生动,多么优美。儿童在这个环境里面,一定会自动地去接触各种动植物,无形之中,他对于自然界的事物就得到了正确的认识。在这个基础上,培养儿童对自然的爱好和劳动的观点,并发挥儿童互助合作的精神。这是布置环境所给予儿童的教育。

• 引自《论幼儿园的环境布置》(1951 年),载《陈鹤琴全集》(第二卷),第 476 页

19. 室外布置可以领导儿童来做,室内布置也可以指导儿童来完成。例如要布置小白兔吃萝卜的图案,教师可以事先准备材料,让儿童来剪贴;如果要做娃娃的家,更可以请儿童用木板钉小床、小桌、小椅以及其他用

具；就是表格也可以让儿童帮助教师一同挂上去。更可以利用这一活动，各班互助，大班帮助小班，年龄大的小朋友帮助年龄小的小朋友，从工作当中，培养儿童团结互助和友爱的精神。

- 引自《论幼儿园的环境布置》(1951年)，载《陈鹤琴全集》(第二卷)，第476、477页

20. 用什么东西布置幼稚园环境：(1)自然物。(2)儿童成绩。(3)有教育意义的图画、挂图和画片。

- 引自《论幼儿园的环境布置》(1951年)，载《陈鹤琴全集》(第二卷)，第477、478页

21. 布置环境，应根据自然现象和社会情况，在各个幼稚园现有的条件下，领导儿童一同布置，使儿童从布置环境之中，认识四周环境中的事物，了解事物与事物之间的关联。使儿童从改造环境之中创造环境，并培养儿童坚毅、积极、合作互助等优良品质。

- 引自《论幼儿园的环境布置》(1951年)，载《陈鹤琴全集》(第二卷)，第478页

22. 幼稚园的环境不但要美化,而且要富有教育意义。设置各种各样的工作材料,如饲养兔子、小鸡、小鹅等动物;陈列美丽的图画书、娃娃的家、大小积木、拼图板、各种木制布制玩具以及沙箱、泥工、木工等,以便转移小孩子的心情,使他从各种有教育意义的活动当中,消除对环境的陌生感。

- 引自《如何使幼稚生适应新环境》(1951年),载《陈鹤琴全集》(第二卷),第454页

第三编
幼儿园教学法

一

单元教学与主题活动

1. 所谓设计教授法,在普通教学中应用很普遍。其方法就是在生活环境中用具体材料从事建设活动。其主要的观念,就是把各科教学集中于一个中心活动,儿童可以从中广泛地学习知识、练习技能。

- 引自《低能儿童之研究》(1948年),载《陈鹤琴全集》(第一卷),第548页

2. 整个教学法就是把儿童所应该学的东西整个地、有系统地去教儿童学。这种教学法是把各科功课打成一片,所学的功课是无规定时间学的;所用的教材是以

故事或社会或自然为中心的,或是做出发点的;但是所用的故事或关于社会自然的材料,总以儿童的生活、儿童的心理为根据的。这种教材最好一个教师教,一个教师不能教,二三个教师也可,不过时间稍难支配罢了。

• 引自《整个教学法》(1928年),载《陈鹤琴全集》(第二卷),第165页

3. 照原理来讲,幼稚园的教法应当完全适应个别儿童的兴趣与能力的。从前的教法,大概太呆板,整天把小孩子关在一间教室里,很少与自然界相接触。

• 引自《四年来之中国幼稚教育》(1931年),载《陈鹤琴全集》(第二卷),第234页

4. 编制教学大纲,不能凭主观地、脱离实际地凭空臆造一套教学大纲和计划,而是要通过扎扎实实的科学试验而产生。

• 引自《怎样试验幼稚园课程》(1964年),载《陈鹤琴全集》(第二卷),第464页

5. 我们于前一星期就商定下周的课，往往采用设计组织，有时采取中心制。所谓设计的目标或课程的中心，大概是这时期里的自然界动植物，或社会上的风俗、纪念活动等。种豆是春天的设计，到了豆开花了就作为课程的中心，又过了几星期豆成熟，就来做摘豆、请客吃豆的设计。夏初做种黄瓜的设计，两个月后再来做请客吃瓜的设计。设计的内容真多，也容易找到，并且容易实行。一个节气我们就来利用。一年里一切纪念日、节气，我们是不放假的，都来举行活动的，因为这些日子都是教育上不可失的良好机会。苍蝇、蚊子都是最可憎的，我们就来一个小小的灭蚊蝇运动。例子很多，举不胜举，欲知详情，请看我们的课程表。总说一句，课程是要合于实际生活的，并且应该是活用的。

- 引自《一年来南京鼓楼幼稚园试验概况》(1926 年)，载《陈鹤琴全集》(第二卷)，第 5、6 页

6. 在今天，普通教育都已开始采用单元活动，因为单元活动更适合于儿童心理的发展，更接近于现代社会

文化错综复杂的组织。常态儿童可以运用单元法,低能儿童更应采用单元活动,使教学、做人、生活打成一片。课程方面,运用"五指活动"。至于教材内容,更应采取大自然、大社会的直接知识。

- 引自《低能儿童之研究》(1948年),载《陈鹤琴全集》(第一卷),第547页

7. 儿童的兴趣,是由于环境的刺激而产生的。譬如研究"端午节"这一个单元,到节后的第一天,在早会时候,儿童一定有说不完的话,一个接一个,重复又重复,大家争着要述说过节的情形。在这种情形之下,早会的时候,应该依儿童的兴趣,略予延长,决不可拘泥于十分钟、一刻钟的早会时间而减少儿童的兴趣。再如研究"蚊蝇"这一个单元,在工作的时候,儿童一定很起劲地做苍蝇拍,那么工作的时间也可以延长。所以我根据这一原则,只编排活动项目,而没有固定时间的限制。

- 引自《怎样编排幼稚园的日课表》(1948年),载《陈鹤琴全集》(第二卷),第427、428页

8. 每一个单元大纲,除了几项固定的课程以外,每天上午有卫生检查(约 5 分钟)、餐点(约 15 分钟);下午有半小时的静息(睡眠或休息)。活动的时间,在可能的时候,总是利用户外教学。每周的中心教材,普通都是预先定的。不过在未定之先,由教师将前一周内的实施经过,会同审查。再依据儿童的兴趣和现有的环境而定适当的教材,其中也有因特别情形而临时变更的。

• 引自《一年中幼稚园教学单元》(1939 年),载《陈鹤琴全集》(第二卷),第 289 页

9. 使各科归入整个而教学之,且切于实际生活者,为设计法之特长。幼稚园课程,渐渐趋于设计化,倘能采用此法,则与各科之联络,方为自然的而非勉强的,且能更切于实际生活。

• 引自《幼稚教育》(1926 年),载《陈鹤琴全集》(第二卷),第 38 页

10. 学习开始,必须有内发的倾向,叫他必得要去做这种倾向,这就叫作动机。譬如说到重阳节,大家就有

登高和听重阳节故事的动机;讲到孔子圣诞,就有讲孔子的历史和孔子的家乡——山东的动机;说到山东,就有研究济南惨案的动机。动机可说是一切活动的原动力。上面所说的寓学于做,就是说要在相当的环境中间自习,教师在旁辅助指导。但是有了相当的环境,而学习人的本身,没有学习的动机,那就无从去自习,教师更无从去辅助。那就是俗话说的"捉老鸦到树上去做窝永不得成功的"。所以凡百学习动机自不可少。做教师的就要利用学生的动机,引导他们去学习,再从旁指导,更要设法掌握学生的动机,叫他们自愿去活动。因甲种活动又引起乙种活动的动机,因乙种活动又引起丙种活动的动机,如此周流不息,学生的学习,才得成活泼自动的气象,收准确而又宏大的效果。

・引自《几条重要的教学原则》(1928年),载《陈鹤琴全集》(第四卷),第37页

11. 我国现行学校制度,每逢纪念日、节气都放假,此事太无道理,错过很好的教育机会,任令儿童在家里

莫名其妙地度过去,可惜之至。外国学校对于纪念日和节气,重视得很,西洋的圣诞节、感恩节,日本的天长节、樱花节,都是举国若狂,此时就可以教给儿童许多东西,实在是组织课程的大根据地。利用生日就是做寿,此事也很有意思,不过不能每个人的生日都做,每月集中做一次,是很好的。

- 引自《幼稚教育》(1926年),载《陈鹤琴全集》(第二卷),第30页

12. 小孩子能够学的与应当学的东西,本来是很多的,但是我们不能就这样漫无限制地毫无系统地去教他。总必定要有一种组织,在相当范围内,使其成为一个系统并使各科目中间相互连接起来发生关系。因为儿童的生活是整个的,所以教材也必定要整个的,互相连接的,不能四分五裂的。我们不能把幼稚园的课程像大学的课程那样独立,什么音乐是音乐、故事是故事的,相互间不发生影响。我们应该把幼稚园的课程打成一片,成为有系统的组织。但是这种有系统的东西,应当

以什么为中心呢？这当然要根据儿童的环境。儿童的环境不外乎两种：一种是自然的环境；一种是社会的环境。自然的环境就是各种动植物的现象。社会的环境就是个人、家庭、集社、市廛等类的交往。这两种环境都是与儿童天天要接触的，所以我们应当利用这两种环境作幼稚园课程的中心。

- 引自《我们的主张》(1927年)，载《陈鹤琴全集》(第二卷)，第78页

13. 编制课程时，对于事物的研讨要有系统，注意事物发展的规律，以及事物与事物之间的联系，不能将一件一件的事物孤立起来，使儿童对于事物的发展得不到一个整个的概念。

- 引自《幼儿园的课程》(1951年)，载《陈鹤琴全集》(第二卷)，第457页

二

儿童语言教育

1. 儿童在生活经验中从第一信号系统所感受的无数信号,通过语言达到抽象化和概括化的地步,因此儿童的思想也就有条件发展了。他的观察力、辨别力、组织力也就逐渐地发展起来。

• 引自《从一个儿童的图画发展过程看儿童心理之发展》(1956年),载《陈鹤琴全集》(第一卷),第564页

2. 读法教学法包括:(1)游戏法。(2)故事图画法。(3)歌谣表演法。(4)自述法。(5)随地施教。(6)采用教科书。(7)复习法。

- 引自《一年来南京鼓楼幼稚园试验概况》(1926 年),载《陈鹤琴全集》(第二卷),第 6、7 页

3. 要养成儿童说话的技能,如生活中偶发事件的报告、家庭生活的报导、讲故事、唱儿歌等,都是养成儿童说话技能的机会。在幼稚园里要多多给予儿童以机会,并帮助儿童组织自己的思想,使儿童能够用清晰的语言,正确地表达自己的情感和思想。

- 引自《幼稚园的课程》(1951 年),载《陈鹤琴全集》(第二卷),第 457 页

4. 总起来讲,儿童所看的书要在他能力之内,务求简易。凡儿童遇到"难字"的时候,不论儿童的领袖或儿童的父母,应当立刻替他校正,不要随儿童任意尝试,以免先入为主的弊病。

- 引自《文纳特卡制中的读法》(1931 年),载《陈鹤琴全集》(第四卷),第 96 页

5. 照我个人的经验看来,鸟言兽语的读物,年幼的

小孩子——尤其在七岁以内的小孩子——是最喜欢听,最喜欢看的。

- 引自《"鸟言兽语的读物"应当打破吗?》(1931年),载《陈鹤琴全集》(第四卷),第98页

6. 鸟言兽语的读物与吃奶是有些相仿的。年幼的小孩子很喜欢听鸟言兽语的故事,恐怕在那时候只有讲那些故事给他听,好比一岁的小孩子只有奶是他惟一的营养料,到了大了以后,奶应当少吃而鸟言兽语的读物也应当少讲,多给他看些旁的读物。

- 引自《"鸟言兽语的读物"应当打破吗?》(1931年),载《陈鹤琴全集》(第四卷),第101页

7. 最后我要慎重声明的,鸟言兽语的读物,自有它的相当地位、相当价值,我们成人是没有权力去剥夺儿童所需要的东西的,好像我们不能剥夺小孩子吃奶的那一种权利一样。不过小孩子到了大的时候,我们应当供给他看别种材料,犹如奶吃了,再给他吃别的营养料一样。

- 引自《"鸟言兽语的读物"应当打破吗?》(1931年),载《陈鹤琴全集》(第四卷),第101页

8. 自述法:每个儿童心里必有许多话、许多意思想发表的,常常因为发表的能力不足,无从表现出来。所以常常给儿童谈话的机会,常常让儿童画图画、唱歌、做自己愿意做的手工和表演故事中的人物,以满足儿童发表自己意思的欲望。但是儿童认识了几多字以后,常常被要求用文字来发表自己的意思,谈何容易,儿童自己怎么能写句子呢! 自述法就是帮助儿童发表的。儿童要写的话,教师替他略略变化一下,然后写在这本牛皮纸订的小簿子上,儿童就能顺着句子读下去。

- 引自《幼稚园的读法》(1928年),载《陈鹤琴全集》(第二卷),第183页

9. 现在幼稚生对于文字学习,往往只用到耳、眼、口三种过程,对于用手学习的那种过程反因小孩子的能力薄弱不去应用,结果小孩子有许多意思只能说出来,而不能用文字发表出来,这是很可惜的一桩事。

- 引自《四年来之中国幼稚教育》(1931年),载《陈鹤琴全集》(第二卷),第237页

10. 阅读能力薄弱的儿童,他的眼睛停的次数为什么比较多,而停得没有节奏呢?这是因为当初所看的读物太难,到了后来习以为常,以后看一个字,眼睛就要停一停。所以最初的时候,就是在眼动习惯未养成之前,我们给儿童看的书要容易。倘使太难,使他眼睛动得不得当,而养成一种不适当的动作,那到后来就不容易改了!所以对于阅读能力薄弱的儿童,我们最好给他看很容易的书,教他看得快,使他养成适当的眼动习惯。

- 引自《文纳特卡制中的读法》(1931年),载《陈鹤琴全集》(第四卷),第95页

11. "寻常谈话"是学习语言的大来源,但是有许多语言不是寻常谈话所碰得着的。故事里各种人物很多,各种动作也很多,形形色色,在当时儿童只觉得听了有兴趣,哪知道无意之中,就学习了许多语言。

- 引自《幼稚园的故事》(1928年),载《陈鹤琴全集》(第二

卷),第 188 页

12. 就日常生活的观察、学校教学的体验,我们可以发现,没有一个儿童不喜欢看故事、听故事和讲故事的。儿童爱好故事的倾向,绝非偶然。一方面,儿童本身具有这种倾向的动力;另一方面,故事的形式与内容,对儿童心理的适应上,也有巨大的作用。

- 引自《活教育的教学原则》(1948 年),载《陈鹤琴全集》(第五卷),第 94 页

13. 平铺直叙,在文学上已属大忌,在儿童之读物上尤宜避免。幼稚生富于想象,往往能与偶人语,能捏沙请客,亦能与环境内诸物通语。此等活泼泼的想象,写在纸上,在成人视之,虽属荒唐无稽,在幼稚生则欣然愿受者也。

- 引自《幼稚教育》(1926 年),载《陈鹤琴全集》(第二卷),第 38 页

14. 在故事里面穿插很生动的歌曲,做教师的或做

父母的,可以把故事讲一段,唱一唱,再讲一段,再唱一唱。同时小孩子听了故事,也可以跟着唱唱。这种教学是活的,是有声有色的,是适合儿童心理的。

- 引自《〈四季故事唱歌集〉序言》(1934年),载《陈鹤琴全集》(第四卷),第347页

15. 教法故事化的目的,就在于引起儿童学习的兴趣,使他们注意力集中起来,快快活活地来做自己的工作。传统教育要儿童"苦读",而我们应当要儿童"乐干",惟有臻于乐干的境地,儿童才能学得真知识、真学问。

- 引自《活教育的教学原则》(1948年),载《陈鹤琴全集》(第五卷),第96页

16. 一个幼稚园里,有了一位或两位能讲故事的老师,真可以使儿童变成故事迷,可以使全园的空气愉快活泼,时而歌,时而笑,时而跳,是何等可爱的孩子群呀!这时候全园的生趣,教师的快乐,儿童的努力学习,真是达到极峰了。

- 引自《幼稚园的故事》(1928年),载《陈鹤琴全集》(第二卷),第189、190页

17. 活教师是一个善于引起儿童学习动机的教师。固然儿童的学习要由儿童自己来做,但如何引起儿童的学习动机,完全看教师是否有活教育的修养。引起儿童学习动机的方法虽然很多,但利用故事的教法,确是容易收效的。

- 引自《活教育的教学原则》(1948年),载《陈鹤琴全集》(第五卷),第96页

18. 因为幼儿在园年龄正是幼儿学习语言最重要的阶段,教师必须利用谈话、讲故事、念歌谣、朗诵诗歌以及各项作业和日常生活等各种活动,训练儿童发音正确,口齿清楚,并培养发表的能力,随时随地注意增加语汇,纠正缺点,以正确地发展幼儿的语言。大班的幼儿,由于语言发展的自然要求,从实际中随机地认识一些字,比如自己的名字、用品的名称等等,这是不妨的。

- 引自《幼儿教育的新动向》(1951年),载《陈鹤琴全集》(第

二卷),第 448 页

19. 儿童有儿童之语调,亦有儿童之情意。经书之所以不适宜儿童者,以其非儿童之语调,更非儿童时代经验所有之材料。文言文所以不适宜于低年级儿童者,亦因变更实际语言之故也。虽然白话文非全能合于儿童者,其间如欧化体之白话文,其难正与读经书同。幼稚园之读物,虽有叙述事物,必甚简单,正如其语言,倘能费一年之功专录幼稚生之谈话,对于编辑读物上必有极大之贡献。

• 引自《幼稚教育》(1926 年),载《陈鹤琴全集》(第二卷),第 38 页

20. 此外,还有"装手势"的一件事,非常重要,在幼稚园里格外来得重要。我们说某件东西的大小,不必说明大到怎样,小到怎样;有尺寸的,有分量的,只要两手张开和缩小,再加上面上的表情,就已经够了。还有许多动作,言语表示不出来的,用手势一做,就显出来了。

也有许多举动,用言语表示起来,要说好几句,倘若用手势来表示,也就很不费力地做出来了。

- 引自《幼稚园的故事》(1928年),载《陈鹤琴全集》(第二卷),第191页

21. 好的幼稚教师,决不穿着华丽夺目的衣服。讲故事的时候,尤其要注意衣服。讲故事之前,教师切不可突然换一件衣服,因为儿童的注意点会引到衣服上去的。闪光的衣服,大红大绿夺目的服装,都是有妨害于讲故事的。

- 引自《幼稚园的故事》(1928年),载《陈鹤琴全集》(第二卷),第194页

22. 我认为作为一个儿童读物的作家,要认识儿童,了解儿童,更重要的是同情儿童,爱儿童,由这样而产生的作品才是儿童所需要的、所喜爱的。中国儿童作家缺乏这种精神,大儿童(指成人)没有钻进小儿童的圈子里去,缺乏对儿童生活的研究,是不能写出好的读物的。好的作品要儿童看得懂,顶重要的是万不可写鬼怪故

事,否则对儿童的心理健康影响很大,看了往往不敢回家,晚上也会做噩梦。

• 引自《钻进儿童圈子里去才能写出好的作品》(1948年),载《陈鹤琴全集》(第四卷),第102页

23. 陶行知先生曾经说过成人做的文章要小先生改,我发现小朋友的思想是我们想象不到的。儿童有创造性,我们要发现他们并启发他们。要给儿童看各种东西,要丰富他们的经验,使他们能深思。牛顿看见苹果掉下来,发现了地心引力,为什么其他人不能发现,这就是深。深与广,是培养儿童创造力的重要因素。

• 引自《钻进儿童圈子里去才能写出好的作品》(1948年),载《陈鹤琴全集》(第四卷),第102页

三

教学故事化

1. 故事就是故事,儿童听故事就是为着听故事,不是为着受道德的训诫,失却故事的本义,如旧日学校上修身课的古圣昔贤的逸事,那是很不应该的。

• 引自《幼稚园的故事》(1928年),载《陈鹤琴全集》(第二卷),第196、197页

2. 大家都知道,儿童好奇好模仿,富于想象,不过儿童没有分辨是非善恶的能力,而想象也不一定正确合理。因此,我们可以利用有组织、有条理、有教育意义的故事,使儿童学习正确的语言,模仿善良的行为,帮助儿

童判别善恶是非,并启发儿童合理地运用思想,扩充儿童的知识,以培养儿童对宇宙间的事物进行钻研。

- 引自《如何利用故事教学对幼稚生进行爱国主义教育》(1951年),载《陈鹤琴全集》(第二卷),第479页

3. 故事能激起儿童的想象力。儿童有儿童自己的思想。儿童的想象力不论在数量上、与实际相符的程度上或性质上都跟成人不同。但儿童有自己丰富的天真思想,那是毫无疑问的。故事结构的曲折、描述的生动,实有引人入胜的功效。而且,每一个故事,都具有猜想的成分,把儿童导入无限推论的境界之中,致使儿童获得很大的快乐,这便是儿童所以爱好故事的又一原因。

- 引自《活教育的教学原则》(1948年),载《陈鹤琴全集》(第五卷),第94页

4. 故事在儿童是一种重要的精神食粮,通过故事的形式,儿童的学习一定兴致百倍。

- 引自《活教育的教学原则》(1948年),载《陈鹤琴全集》(第五卷),第95页

5. 故事组织的完整，适合于儿童的学习心理。儿童对于组织完整、意义连贯的事物，容易学习，容易了解。而对于那些零星破碎、漫无组织、孤立片段的事物，不易学习，不易了解。凡愈容易了解的，儿童愈喜欢去学。换言之，就是组织完整、意义连贯的事物，儿童便喜欢它。故事的组织，正合于这个要求。因此，每个儿童总喜欢故事；同时，故事的描述是活动的、常变的，它每以儿童年龄的差异来变更它的内容与组织，使它更适合于每个儿童的情感。

- 引自《活教育的教学原则》(1948年)，载《陈鹤琴全集》(第五卷)，第95页

6. 我们知道，故事的情节大都很新奇，可以满足儿童的好奇心；故事的内容，富于想象，可以激起儿童推理的兴趣和创作的能力；故事的组织，大都很完整，而且有一连贯的、使儿童易于了解的事实。因此，儿童对于故事是心诚意悦地接受，而且很自然地流露出真实的情感。

- 引自《如何利用故事教学对幼稚生进行爱国主义教育》(1951年),载《陈鹤琴全集》(第二卷),第479页

7. 简括地说,故事教学,一方面可以指导儿童的思想,启发儿童的智慧;另一方面,也可以陶冶儿童的性情,培养儿童的情感。

- 引自《如何利用故事教学对幼稚生进行爱国主义教育》(1951年),载《陈鹤琴全集》(第二卷),第479页

8. 改编故事的要点:(1)合于儿童经验的。(2)富于动作的。(3)适合儿童的年龄。(4)适合儿童的口吻。(5)含有积极性,结果是圆满的。

- 引自《如何利用故事教学对幼稚生进行爱国主义教育》(1951年),载《陈鹤琴全集》(第二卷),第480、481页

9. 儿童所接近的环境是家庭、幼稚园、托儿所、商店、房屋、街道和交通工具,或是田野、森林、河流池沼、花草树木、家畜等。凡是以家庭、幼稚园或托儿所生活、动物生活、植物生长以及社会生活中的简单事物作为故

事的题材,儿童是很欢迎的。关于人物的描述,也要以儿童熟知的人物为主,如爸爸妈妈、兄弟姐妹、小朋友以及老师阿姨等。

• 引自《如何利用故事教学对幼稚生进行爱国主义教育》(1951年),载《陈鹤琴全集》(第二卷),第480、481页

10. 静止物体和风景的描写,幼稚生是不能欣赏的。我们大家都知道,儿童是好动的,因此他喜欢动的东西,更喜欢有变化的动作,编写故事要穿插各种动作,以引起儿童表演故事的兴趣。

• 引自《如何利用故事教学对幼稚生进行爱国主义教育》(1951年),载《陈鹤琴全集》(第二卷),第481页

11. 故事内容要注意儿童的年龄,二三岁的儿童只能讲很短的故事,字句不可过长,而且讲故事的人要用很正确很清楚的声音,使儿童听了之后可以模仿说话。三岁以上的儿童,听故事的能力渐渐加强了,并且需要知道的事物也逐渐增多。因此,我们必须根据儿童的年龄来编写故事。这样才可以完成故事教学所负的任务。

- 引自《如何利用故事教学对幼稚生进行爱国主义教育》(1951年),载《陈鹤琴全集》(第二卷),第481页

12. 用成人的口吻对儿童讲故事,是会失败的。我们编写故事一定要用儿童的口吻,使故事中的词句成为儿童自己的语言,这样不但儿童易于了解,还可以帮助儿童语言的发展。

- 引自《如何利用故事教学对幼稚生进行爱国主义教育》(1951年),载《陈鹤琴全集》(第二卷),第481页

13. 富于重复性的。这点是幼稚园故事最特别的一点。所谓重复,不但是语句的重复,就是动作、事物、情节、组织等等,在同一故事里,都可以重复起来的,但也并不是完全重复或丝毫不差地重复。这种体裁,非但不能用于成人,就是稍长的儿童,也会掩耳不听的,然而幼稚生极欢迎这类故事。

- 引自《幼稚园的故事》(1928年),载《陈鹤琴全集》(第二卷),第197页

第三编　幼儿园教学法

14. 故事教学对儿童起着思想指导作用,因此,故事的内容一定要含有积极性。比如三只羊的故事,狼要吃小羊,又要吃中羊、大羊,最后三只羊一同对付恶狼,把恶狼打死了。从故事的情节说,充分地表现了团结就是力量。再如拔萝卜的故事,小老太婆、小老头子、小姑娘、小花猫,大家同心合力,把萝卜拔起来了。这些故事都含有积极性,而结果也是圆满的,儿童是很喜欢听这样的故事的。

• 引自《如何利用故事教学对幼稚生进行爱国主义教育》(1951年),载《陈鹤琴全集》(第二卷),第481页

15. 故事教学方法:(1)掌握儿童四周环境中的事物。(2)多多利用工具进行故事教学。(3)常常化装表演故事。

• 引自《如何利用故事教学对幼稚生进行爱国主义教育》(1951年),载《陈鹤琴全集》(第二卷),第481、482页

16. 幼稚园的教学是全面性的,包括智育、德育、体育、美育四方面的,而这四方面的教育,是要在儿童整个

生活上和每一件细小的事情中进行的。因此,故事也并非要在固定的时间中才进行教学,应该掌握儿童四周环境中的事物,随时随地对儿童进行爱国主义教育。

- 引自《如何利用故事教学对幼稚生进行爱国主义教育》(1951年),载《陈鹤琴全集》(第二卷),第481页

17. 亲爱的幼稚园教师们,我要向你们提出一个要求:希望大家根据实际情况,向各方面摄取材料,大胆细心地创作,继续不断地研究,利用故事教学,贯彻爱国主义教育并与各项活动取得联系,把故事教学作为核心,丰富内容,广泛而深入地对儿童进行爱国主义教育,使儿童对于伟大的祖国发生深厚的情感。这样,他们以后将为祖国美好的未来而努力奋斗。

- 引自《如何利用故事教学对幼稚生进行爱国主义教育》(1951年),载《陈鹤琴全集》(第二卷),第482页

四

儿童美术教育

1. 对于研究儿童的颜色美感,我们可以从两方面着想:一方面我们要研究儿童生长到什么时候遂发生各种颜色的知觉,一方面我们要研究儿童对于颜色的兴趣,就是什么颜色儿童喜欢的,什么颜色不喜欢的。前者纯粹是一个心理问题,后者不单是一个心理问题,也是一个教育问题。若我们知道儿童对于各种颜色的兴趣,我们就可以利用这种心理来施行适当的儿童教育。

- 引自《儿童心理之研究》(1925年),载《陈鹤琴全集》(第一卷),第303页

2. 凡属人种都有图画之贡献,凡属儿童都有绘画之兴趣。绘画是言语的先导,表示美感之良器。要知儿童心理,不可不研究儿童的绘画。

- 引自《儿童心理之研究》(1925年),载《陈鹤琴全集》(第一卷),第 314 页

3. 考诸欧美,研究儿童绘画者,已有多人,惟独吾国研究的人很少。所以我们宜急起直追,以助教育儿童之不及,现在为绘画之价值,罗列如下:(1)绘画可以表现儿童的美感。(2)绘画可以发展儿童的思想。(3)绘画可以增进儿童的知识。(4)绘画可以练习儿童的目力与手力。

- 引自《儿童心理之研究》(1925年),载《陈鹤琴全集》(第一卷),第 314 页

4. 绘画像音乐、言语一样,是人类表情达意、交流经验、记录史事以战胜空间、时间的最早、最有效的一种工具。

- 引自《从一个儿童的图画发展过程看儿童心理之发展》

(1956年),载《陈鹤琴全集》(第一卷),第560页

5. 图画不但是发表意思增加知识的工具,也是怡养性情的利器。小孩子在家里或在幼稚园里没有事体做,就要瞎吵瞎闹,叫他画画图,他就可以独自消遣,不致缠绕别人。虽然有许多小孩子不愿意画,那并不是图画得不好,乃是我们做教师做父母的不能引起他们绘画的兴趣。总之,图画是儿童生来喜欢画的,我们可以利用这种心理直接去满足他的欲望,间接去丰富他的知识,怡养他的性情,并使他养成良好的消遣习惯。

- 引自《幼稚生的图画》(1927年),载《陈鹤琴全集》(第二卷),第169页

6. 绘画可以依据儿童的第一、第二信号系统的相互的作用来促进儿童思维的发展,儿童能在绘画中反映他所看见的,以及叫得出名字的东西,并用言语来说出东西的名字。通过绘画这种手和眼的联合动作,儿童还可以更好地理解周围的事物,并巩固所得的观念;通过绘

画还可以培养儿童良好的情感和道德品质。

- 引自《从一个儿童的图画发展过程看儿童心理之发展》(1956年),载《陈鹤琴全集》(第一卷),第560页

7. 儿童图画的发展是随着他的身心的发展而发展的。也就是说,儿童的图画是受着生活的经验和教育实践的影响的,它是一个连续不断、逐渐发展的过程。

- 引自《从一个儿童的图画发展过程看儿童心理之发展》(1956年),载《陈鹤琴全集》(第一卷),第564页

8. 儿童画图,最好有个动机。这个动机怎样发生的,那也不拘,由他人暗示引起的也好,由自己发动的也好。

- 引自《幼稚生的图画》(1927年),载《陈鹤琴全集》(第二卷),第170页

9. 图画要怎样教的?(1)要自己画。小孩子开始画图的时候,最欢喜照自己的意思去画,我们尽管让他自己画,不要用范画去限制他。虽然他画得不好,但是

能慢慢地发展自由表意的能力。若是小孩一画,做教师的就去帮助他,替他画,那小孩子的图画总是画不好的。(2) 要指导。图画要自己画,但是必须指导。小孩子若是随便自己乱画,没有教师的指导,那也万万画不好的。有许多地方他想画出来,但是画不出来,或者竟画错了。只要我们一指导他,他就能明了,就能画出来的。

- 引自《幼稚生的图画》(1927 年),载《陈鹤琴全集》(第二卷),第 170、171 页

10. 现在我们要问,绘画的能力究竟专特到什么限度。若是一点没有普遍性,那什么东西都要逐件去学;但是这也不然,绘画的能力多少有点普遍性的,我们只要把那个普遍性找出来,选择相当的材料去引导小孩子学习就是了。

- 引自《幼稚生的图画》(1927 年),载《陈鹤琴全集》(第二卷),第 174 页

11. 根据什么标准去选择材料呢?我想有三种标准:(1) 要根据小孩子的经验的。小孩子对于没有看见

过的东西,没有听见过的事物,当然画不出来;凡是我们叫他画的东西,要在他的经验中都有的,那教起来,他就容易了解。(2)要有代表性质的。鸭与鹅两种家禽,在形体方面,有许多共同点,它们的嘴、蹼、身子是相仿佛的。若会画了鸭,画鹅就很容易了,所以我们只要叫小孩子学一种就够了。(3)所选择的材料是要容易画的。小的动物,如蚂蚁、苍蝇,既不容易观察,又不容易绘画,所以没有选择的必要。我们应当选择的是那些具有明显特征的事物,如猫头鹰、象之类。

- 引自《幼稚生的图画》(1927 年),载《陈鹤琴全集》(第二卷),第 174 页

12. 我们并不希望儿童画得很精细,若能画出每种物件的特征并且画得有点像实际的事物,看起来不会看错,那就够了。

- 引自《幼稚生的图画》(1927 年),载《陈鹤琴全集》(第二卷),第 174 页

13. 现在一般普通的幼稚园,对于图画一课,往往由

教师画好或做好或印好,再叫小孩子照了画,照了剪,照了着色,而每每忽略了小孩子的自由创作,不知自由创作实足以启发想象,表达个性,其功效比较模仿,何啻霄壤。

• 引自《四年来之中国幼稚教育》(1931年),载《陈鹤琴全集》(第二卷),第237页

14. 教师只在教室里教儿童画图,画什么一瓶死花、三只死鸟、几样水果,那引不起儿童画画的兴趣。你一定要带他到大自然里去实地写生,到大社会里去写真,那么儿童画画的兴趣就会增加,画画的技术就会提高。

• 引自《活教育的教学原则》(1948年),载《陈鹤琴全集》(第五卷),第70、71页

15. 我知道有一个小孩子得到父亲的鼓励,出去总是带着一本画册的。看见一个挑馄饨担的,他就给他画一张。看见抬轿的,他也画一张。看见乡下人挑着小孩子进城的,他也画一张。社会上一切的对象,都是他画画的好材料。日积月累,他的兴趣一天一天的浓厚,他

的作品一天一天的多起来,他的画画技术,也一天一天的精起来了。

- 引自《活教育的教学原则》(1948年),载《陈鹤琴全集》(第五卷),第71页

16. 今天,我们教儿童画图,首先,要扩大儿童的眼界,丰富儿童的经验。因此,要指导儿童向大自然、大社会去取材,带领儿童对自然界中的山川河流、苍松翠柏、飞禽走兽、五谷六畜,以及围绕在我们四周的各种事物进行精湛的观察,以扩大儿童的眼界。对大社会中所发生的千千万万的事物,亲身体验,以丰富儿童的经验。这样,我们可以看到儿童许多真实而有意义的作品。这是我们今天教图画的一个正确方向,循着这个方向,配合儿童"五爱"教育,使儿童从图画的教学当中,不仅得到某些技术,更重要的是对新社会、新事物有一个正确的观念。

- 引自《谈谈儿童绘画》(1951年),载《陈鹤琴全集》(第一卷),第557、558页

第三编 幼儿园教学法

17. 很显然,图画教学也必须负起培养儿童"五爱"的任务,引导儿童从社会中取得真实的材料,描写自然界中的真实现象。就儿童图画心理的发展,分别采取不同的教学方式,随时随地指导儿童观察,以培养儿童正确的观念,启发儿童的思想。用图画的方式,让儿童多多发表自己的思想和情感,以完成图画教学的新任务。

- 引自《谈谈儿童绘画》(1951年),载《陈鹤琴全集》(第一卷),第559页

18. 幼稚园的小朋友常常喜欢用图画、诗歌或音乐来表达自己的情感。做教师的应该鼓励儿童创作,以发展他的创造性,发挥他的艺术天才。

- 引自《怎样做人民的幼稚园教师》(1950年),载《陈鹤琴全集》(第二卷),第440页

19. 美术的教法最重要的是发挥儿童自己的天才,让儿童自己去体验,表现他自己的意思。我在奥地利时见到一位曾经教了四十年画的老画家,他指着他的学生所绘的一幅马图给我看。他说,当这个小孩画马足时,

不知道怎样画,去问他,他不直接教他而要学生自己去留心观察。有一天,他的学生在路上看见几匹战马走过就很留心观察,马一走过连忙跑到美术室把马足画起来。我们教小孩画画,如果孩子养了小鸡和小鸭的,可以教他细心观察,将小鸡和小鸭的形状画出来;做了豆腐的,可以叫他将磨豆子的姿势画出来。这样才切合实际,不呆板。

• 引自《什么叫做"活的教育"》(1940年),载《陈鹤琴全集》(第五卷),第20页

20. 图画这样东西,同文字一样难的,广义说来,图画就是文字。一个没有读过书的人,虽活到一百岁仍旧不认识"之乎"的;一个没有学过画图的人,虽到老来,也不能画的。文字是一定要学的,画图也是一定要学的,不学是不会的。

• 引自《对于教授图画的一点小意见》(1928年),载《陈鹤琴全集》(第四卷),第81页

21. 这样看来,图画是要教的,是要教师从旁指导,

随时校正的,不然,小孩子不知道他自己所画的是好是坏,虽天天学习,也不会有多大进步的。

- 引自《对于教授图画的一点小意见》(1928年),载《陈鹤琴全集》(第四卷),第84页

22. 小孩子先会画图,后会写字,这是研究儿童心理的都知道的。小孩子到了一岁多点时光,就能拿了蜡笔在纸上乱涂,虽然涂得不像,但是他看见所涂的红绿颜色非常高兴。从这时到三岁的时候,所画的图画看起来是不像什么东西的,所以叫做"涂鸦期"。大约到了三岁的样子,他所画的图画,能够代表真的样子,虽然画得不好,但是看起来我们可以明了他的意思。这个时期叫做"象形期"。以上是小孩子画图发展的大概情形。

- 引自《创造的艺术》(1930年),载《陈鹤琴全集》(第四卷),第85页

23. 从前的艺术教育太注重技能,现在的艺术教育是注重儿童的个性、儿童的天真、儿童的创作。但是艺术的技能,究竟要不要教儿童,这是一个很重大的问题。

儿童若是没有相当的技能，断画不出很好的作品。艺术是一定要教的，倘使不教而让儿童自己去瞎摸，那是太不经济了。我们人类所有的经验，是应当利用的。不然让儿童自己去瞎摸，就是摸了一辈子顶多不过像初民时代的作品罢了。

- 引自《创造的艺术》(1930年)，载《陈鹤琴全集》(第四卷)，第88、89页

24. 技能应当什么时候开始教？应当怎样教？这是我们研究教育的应当解答的。大概在九岁、十岁以前，要注重想象一方面，就是注重儿童天真的作品，就是尊重儿童的个性；那时候儿童自己所要发表的，也不过是发挥他自己的意思，至于画得像不像，他是不管的。但是到了九岁、十岁以后，他自己觉得许多意思而不能用艺术工具发表出来；在那时候，我们就可以乘机慢慢地教导他，可是不能过分地注重艺术技能，而忽略思想；也不要只顾收效，而不顾儿童能不能够领会你的教法。所以我们要教他艺术的时候，要顾到他们的能力，所谓"循

循善诱""因材施教"是了。

- 引自《创造的艺术》(1930年),载《陈鹤琴全集》(第四卷),第89页

25. 奥国有一位齐泽克(Cizek)先生,主张艺术要有创造的精神,儿童要有创造的机会,所以他不赞成叫儿童模仿名作,甚至参观古人的名画,而一任儿童自由地去绘画。他根据这种见解去教儿童图画,结果果然获得意外的成绩。

- 引自《小学教育问题》(1930年),载《陈鹤琴全集》(第四卷),第48页

五

儿童音乐教育

1. 音乐是儿童生活中的灵魂。生后几个月的小孩子,他会听着母亲哼着催眠曲而恬静地入睡;再大一些,更喜欢听各种优美的声音;两三岁时,能用手脚随音乐做着节奏动作。进了幼儿园,他对于音乐的需求范围更来得广大,喜欢听优美悦耳的音乐,常常不由地随着乐曲哼着、唱着、跳着。到了小学阶段,他更知道怎样利用他那天赋的歌喉和节奏的能力,而参加各种音乐活动。我们知道,大凡健康的儿童,无论是游戏、走路或是休息,都本能地爱唱着歌,表现出音乐的律动。因此,我认为儿童生活离不开音乐。我们应当重视儿童音乐教育,用音乐来丰富儿童的生活,培养儿童的意志,陶冶儿童的情感,使儿童能够表现真实的自己,导向于创造性的发展。

• 引自《让儿童生活音乐化》(1949年),载《陈鹤琴全集》(第四卷),第345页

2. 我们大家都感觉到我国国民之缺少欣赏能力,尤其是音乐,雅歌妙舞,几乎成为少数人的专利品,普通人很难领略,这是一个大缺点。我们应该极力设法改变的,首先应在幼稚园里大力提倡,这是不难办到的。

• 引自《幼稚教育》(1926年),载《陈鹤琴全集》(第二卷),第18页

3. 我觉得目前有些学校的音乐教学,仍着重在演唱技术的训练上。其实,唱歌亦有两方面的意义:一是身体器官运动的唱歌技术;一是从内心而发的精神活动。我们就儿童实际唱歌的情形来观察,唱歌的技术是次要的,而从内心而歌的精神活动才是第一要义。所以,儿童唱歌应以反映精神面貌为主。再以注重个性发展的

教育观点来看，对于许多环境不同、素质不同的儿童应该因材施教；如用同一种偏重于提高演唱技术的教学，是不合适的，也是与我们音乐教育目的不相符的。

- 引自《让儿童生活音乐化》(1949年)，载《陈鹤琴全集》(第四卷)，第345页

4. 我觉得现在还有些学校在实施音乐教学中有与生活脱节的现象，音乐教学仅仅成了教室里的唱歌和为舞台上的演奏。殊不知音乐的真正价值，在于我们和音乐接触，可由节奏的美，使肉体和精神起共鸣共感，而表现出节度的行动；由和声的美，使人感到和谐，从而培养团结友爱的精神；再由旋律的美，使人感到永久的统一，从而养成统一性。因此，我们要将音乐的生气和兴味，渗透到儿童生活中去，使儿童无论在学习、游戏、劳动时，都能有意志统一、行动合拍、精神愉快的表现，使儿童生活音乐化。

- 引自《让儿童生活音乐化》(1949年)，载《陈鹤琴全集》(第四卷)，第345、346页

5. 欣赏指导是让儿童由听觉所感到音乐的节奏、和声、旋律等，而引起儿童对音乐、歌曲有自发的要求的一个教学过程；再由音乐、歌曲来表现儿童的情感，并使儿童的情感通过音乐的洗炼，而得到至精至纯的陶冶，以至引导儿童以快活的精神来创造自己的生活。

- 引自《让儿童生活音乐化》(1949 年)，载《陈鹤琴全集》(第四卷)，第 346 页

6. 音乐可以培养人格，陶冶情感。忧闷的时候，一唱歌，一弹琴，忧闷就会不知不觉地消散了。快乐的时候，一唱歌，一弹琴，快乐的情绪自然更加浓厚了。所以，快乐的儿童就会独自歌唱，一听见音乐也就会唱起来的。

- 引自《〈儿童歌曲〉介绍语》(1943 年)，载《陈鹤琴全集》(第四卷)，第 348 页

7. 伟大的音乐家、画家和诗人，都是对自然的美具有深湛的欣赏力，以高超的技术，将自然的形态和声音描写得淋漓尽致。这种欣赏力从哪里来呢？当然要有

适当的环境来培养的。所以，做教师的人要指导儿童欣赏自然的美，注意劳动人民的劳动歌声和动作，使儿童从大自然中、从劳动社会里体会到自然的雄伟壮丽和劳动人民的伟大，从而对劳动和自然发生浓厚的兴趣。

- 引自《怎样做人民的幼稚园教师》(1950年)，载《陈鹤琴全集》(第二卷)，第440页

8. 有的人唱起歌来，用喉音的，声音从喉咙里榨出来的。要校正这种错误，你应当唱给他听两种声音，一种从胸部腹部发出来的，一种从那喉咙里榨出来的。小孩子听见了这两种不同的声音，就能明白声音应当怎样发的。假使你不用这种比较的方法去教他，你也不唱给他听，只单教他不要从喉咙榨出声音来，你尽管说，尽管骂，他还是不懂的。但是你把两种声音一比较，他就能听出好坏来了。这样小孩子学起音乐来就便当得多。

- 引自《活教育的教学原则》(1948年)，载《陈鹤琴全集》(第五卷)，第76页

9. 儿童是世界历史文化的继承者、开拓者。我们一

看到儿童，或者一听到儿童的声音，便不由得会意味到天真活泼、生气蓬勃；甚至接触到儿童的玩具、读物等，便很容易恢复童心，提高工作的情绪。儿童是太可爱了，他永远年轻，永远新生。

• 引自《迎首届国际儿童节》(1950年)，载《陈鹤琴全集》(第四卷)，第359页

10. 要怎样发展艺术教育：(1) 环境艺术化。(2) 注意自然的美和丰富的形态以及声音。(3) 用诗歌、图画、音乐、舞蹈、各种手工等，发展儿童的创造性。

• 引自《怎样做人民的幼稚园教师》(1950年)，载《陈鹤琴全集》(第二卷)，第440页

六

玩具与教具

1. 玩具教育的原理：(1) 玩具从性质上看来有两种：一种是活的，一种是死的。(2) 玩具的目的不仅娱乐儿童之身心，也要使他因此得着自动。(3) 凡玩具儿童能自做的当鼓励自做。(4) 玩具不宜太多，只要少数精巧的是了。(5) 玩具必须叫儿童善为保存。

- 引自《儿童心理之研究》(1925 年)，载《陈鹤琴全集》(第一卷)，第 176、177 页

2. 玩，是小孩整个的生活。两三个月大的小孩子，就要在床上不停地动手踢脚，独自地玩。到了五六个月

的时候,看见东西就要来抓。再大一点,就要这里推推,那里拉拉。到了会爬会走的时候,便不停地爬来爬去,走来走去。到了三四岁的时候,玩的动作,更加繁多,方法也与前不同;从前只会拿木棒拖着敲敲,现在要把木棒背着当枪放了。到了八九岁的时候,喜欢和同伴玩拍皮球、打棒、踢毽子等竞争游戏。小孩子是以游戏为生命的,多给小孩子玩的机会,身体就容易强健,心境就常常快乐。

- 引自《儿童玩具与教育》(1939年),载《陈鹤琴全集》(第二卷),第409页

3. 小孩子很少空着手玩,必须有许多玩的东西来帮助,才能满足玩的欲望。比如一个小孩子玩骑马游戏,至少要有一条带子或一根竹竿,才好跑来跑去地玩;才能玩得有趣。玩,固然重要,玩具更为重要。

- 引自《儿童玩具与教育》(1939年),载《陈鹤琴全集》(第二卷),第409页

4. 玩具有好有坏,好的玩具,可以促进小孩子身心

的发展;坏的玩具,便要发生许多坏的影响和危险。

- 引自《儿童玩具与教育》(1939年),载《陈鹤琴全集》(第二卷),第409页

5. 好玩具的功能应达到的标准:(1)会引起小孩子多种动作。(2)要能启发小孩子的思想。(3)要能陶冶小孩情绪。(4)要能发展小孩子的创造力。(5)要能唤起儿童的尚武精神。

- 引自《儿童玩具与教育》(1939年),载《陈鹤琴全集》(第二卷),第409、410页

6. 好的玩具的材质标准:(1)要国货。(2)要坚固耐用。(3)要式样美观。(4)要大小合度。(5)要没有危险性。

- 引自《儿童玩具与教育》(1939年),载《陈鹤琴全集》(第二卷),第410页

7. 怎样教儿童使用玩具:(1)玩具不一定都要花钱去买,能够指导孩子自己去做的,而且玩的时候多变化

的，也很好。我们对于小孩子有计划的活动，应从旁赞助，使他做成功。这样可以发展创造能力，养成小孩子劳动的习惯。（2）小孩子的玩具不要随意乱放，要给他一个收藏的地方。收藏玩具的地方一定要预备的，这样可以养成小孩子整齐的习惯和尊重他人的权利。（3）小孩子玩的玩具，要时常调换。不要让他玩到不喜欢玩的时候，以致把玩具弄坏或是掼在地上，养成不良的行为。这样可以养成小孩子爱惜物品的习惯。（4）遇到天气晴朗的日子，应该领着孩子到野外去玩，不要让孩子一天到晚在室内玩弄玩具。我们要指导孩子理解自然界的现象，养成他科学研究和试验的精神，就要带领孩子到野外去。每天下午到室外游玩半小时，每星期到野外游玩半天，也可以培养小孩子欣赏自然、爱护自然的兴趣和道德。这比终日在室内玩弄玩具要好得多。

- 引自《儿童玩具与教育》(1939年)，载《陈鹤琴全集》(第二卷)，第411页

8. 玩具和游戏器具对于幼儿的重要性，正和大中小

学学生有教科书一样。随着儿童的身心发展，各时期儿童对于玩具和游戏器具有不同的爱好。因此，玩具和游戏器具的设置，要随着儿童年龄大小和爱好而分别配备，才能助长儿童身心各方面的正常发展。

• 引自《怎样做人民的幼稚园教师》(1950年)，载《陈鹤琴全集》(第二卷)，第438页

9. 如何能引起新的需要呢？有一部分非有好的设备不可，例如弓箭、水枪之类，在日常社会上是看不到的，但是这几件是儿童最好的玩物，幼稚园里就要有这种特别的设备。不过也有许多可以不费钱而得到的，例如自然界包罗万象，随处是新的刺激，平常儿童不可能去留心的，教师倘若能随地启发，也就能使儿童发生许多新需要。

• 引自《幼稚教育》(1926年)，载《陈鹤琴全集》(第二卷)，第29页

10. 没有一个儿童不爱好玩具，也没有一个儿童不想独占玩具的。所以，教师一定要分配玩具，将玩具交

给某班儿童或某几个儿童,以便培养儿童的责任感,并可训练儿童如何爱护公共财物。在玩的时候还要指导儿童如何互相谦让,如何合作互助。

- 引自《怎样做人民的幼稚园教师》(1950年),载《陈鹤琴全集》(第二卷),第439页

11. 好的玩具具备下列条件:(1)小孩子可以玩的,不是看看的,像无锡泥人只可摆在桌上看而不能玩,布制的小娃娃当然比泥人好玩。(2)小孩子玩得不生厌。这些玩具是多变化的,如积木、竹圈等。(3)小孩子要用思想、辨别力、认识力才能玩得起来。

- 引自《教孩子们玩什么》(1951年),载《陈鹤琴全集》(第三卷),第1、2页

12. 竹圈在教育上的价值与积木一样大。它可以启发儿童的思想,可以发展儿童的创造力,可以开拓儿童的想象,可以鼓励儿童去注意大自然,可以锻炼儿童的意志,也可以陶冶儿童的性情。

- 引自《教孩子们玩什么》(1951年),载《陈鹤琴全集》(第三

卷),第5页

13. 运动器具的制造原则:(1)多数儿童能够同时玩的器具比那少数儿童能够玩的来得好。(2)多动作性的运动器具比少动作性的当然来得好。(3)能使大肌肉得到运动的器具,当然比只能使小肌肉得到运动的器具来得好。(4)运动器具要适合儿童的生理和体力。(5)团体化的运动器具要比个人的来得有价值。(6)社会化的运动器具比团体化的运动器具要好。(7)少危险性的运动器具比多危险性的来得好。

• 引自《怎样锻炼小孩子》(1951年),载《陈鹤琴全集》(第三卷),第34—36页

14. "社会化"这三个字,是有组织的意思,是有合作的意思。这种运动器具是最有价值的。价值究竟在哪里呢?一是训练儿童怎样合作;二是培养儿童怎样组织;三是增进儿童的身心快乐。

• 引自《怎样锻炼小孩子》(1951年),载《陈鹤琴全集》(第三卷),第35页

15. 在幼稚园教学中,我们利用积木游戏,让小朋友自己来搭一座房子,在花园里还养着许许多多的动物,这样就可以使小朋友学会如何布置环境,如何辨别动物的种类,同时对于儿童身体的发展,也有很大的裨益。沙盘游戏也有同样的功用。

* 引自《活教育的教学原则》(1948年),载《陈鹤琴全集》(第五卷),第92、93页

16. 我从20世纪20年代起就结合实验设计,探索适合幼儿与儿童的各种教具、玩具、设备、课桌椅等创制,并注意积累经验,培养专门人才。我在这项工作中,一方面,根据幼儿生理、心理特点和教学原则的需要;另一方面,注意向民间学习,吸收优秀传统(如捏面人、木偶戏等),利用改造各种旧玩具,就地取材,应用简易。

* 引自《切实开展对幼儿教育的科学实验》(1979年),载《陈鹤琴全集》(第二卷),第505、506页

第四编
怎样做幼儿园教师

一

幼儿园教师的重要性

1. 幼稚教育是人生最基本的教育,也是人生最重要的一个教育历程。因此,做一个幼稚园教师,其任务是更加重大。

• 引自《怎样做人民的幼稚园教师》(1950年),载《陈鹤琴全集》(第二卷),第435页

2. 幼稚生所接触的人,除了父母以外,只有教师是他们最有力的指导者。他们对于这两种人的一切言行服色,都直接或间接地模仿。所以教师不能随便任性胡行的。幼稚园教师之重要,在一切设备之上。倘能得到

优良教师,就能"事半功倍"。

- 引自《幼稚教育》(1926年),载《陈鹤琴全集》(第二卷),第22页

3. 幼稚教师于养护儿童上比任何教师来得重要。幼稚生是娇嫩的,经不起什么波折,所以平日保护方面应该十分注意,一旦遇到不幸,教师尤宜有医生态度——镇静谨慎,同时需有医药上的普通知识。

- 引自《幼稚教育》(1926年),载《陈鹤琴全集》(第二卷),第26页

4. 幼稚教师师资非经严格的专业的训练则绝难胜任。所以,师资的不够,多少是限制着幼稚教育的发展的。

- 引自《战后中国的幼稚教育》(1947年),载《陈鹤琴全集》(第二卷),第421页

5. 教师是最伟大而又最辛勤的雕塑匠,是人类灵魂的工程师。教师所负的任务是非常艰巨的,尤其在新中

国的现阶段,要把旧教育转变为新教育,这并不是一件轻而易举的事。

- 引自《怎样做人民的幼稚园教师》(1950年),载《陈鹤琴全集》(第二卷),第435页

6. 幼稚园是培养新中国幼苗的苗床。儿童是新中国的幼苗,那么幼稚园就是培养幼苗的苗床,其任务实在是伟大而艰巨的。因此,做幼稚园教师的人,应该要认识自己工作的重要性,务必要使生长在这一个苗床里的幼苗,能够生长得很茁壮。

- 引自《怎样做人民的幼稚园教师》(1950年),载《陈鹤琴全集》(第二卷),第436、437页

7. 教师本身的品质是养成儿童品格的重要因素。教师的一言一语、一举一动,无形之中都会深刻地影响儿童的。所以,做一个好的教师一定要具有优良的品质,处处以身作则,这样才能养成儿童良好的品格。

- 引自《怎样做人民的幼稚园教师》(1950年),载《陈鹤琴全集》(第二卷),第437页

第四编　怎样做幼儿园教师

8. 一个教师,他整天地跟学生生活在一块,一言一语,一举一动,无形之中,学生都受着莫大的影响。所以有人说,学生是教师的一面镜子,教师的行为习惯、学养人格,都可以在学生们的行为上反映出来。因此,一个教师如果希望学生有好的表现,自己一定先要有好的表现。

- 引自《谁是成功的教师》(1948年),载《怎样做幼稚园教师》,华东师范大学出版社2013年7月版,第12页

9. 夸美纽斯是感觉论者,他认为一切知识都从感觉开始。他提出直观性教学原则,认为良好的模范是培养儿童的主要手段,教师应起模范作用。因此,他认为教师的职业是太阳底下最光荣的职业。

- 引自《夸美纽斯的教育理论》(1955年),载《陈鹤琴全集》(第五卷),第277页

10. 教初入学的儿童,应该是最有本领和最有经验的教师。照夸美纽斯的意见,无论在任何方面:仪表、行为、精神面貌,教师都应该是学生的榜样。因此,他要求

诚实而勤勉的人,热爱自己的天职并经常进步的人来做教师。

• 引自《夸美纽斯的教育理论》(1955年),载《陈鹤琴全集》(第五卷),第274页

11. 儿童从母亲的怀抱走到教师身边,从熟悉的环境走到陌生的环境,这在他的情感上会引起很大的波动。在这个时候,他很需要人关心他、爱护他,使他不觉得从家庭走进幼稚园,像是失去依靠似地觉得孤单、寂寞。因此,教师一定要跟儿童建立友谊,使儿童觉得你是他的朋友、他的伴侣,他很信赖你。这样,教师就可以掌握儿童的情感,引导儿童走上正确的途径。

• 引自《怎样做人民的幼稚园教师》(1950年),载《陈鹤琴全集》(第二卷),第441页

12. 一个热爱儿童的教师,他是会全心全意地为儿童谋幸福、继续不断地改进自己的工作的。反之,一个不热爱儿童的教师,他是不会时时刻刻想到应该如何指导儿童生活,如何使儿童得到更合理的教养的。所以,

热爱儿童,是做一个优良教师的起码条件。

• 引自《怎样做人民的幼稚园教师》(1950年),载《陈鹤琴全集》(第二卷),第443页

13. 公平地对待儿童,将使教师在儿童心目中建立很好的威信。如果教师不能公平地处置日常生活上的某些问题或是对儿童有所偏爱,便将失去威信,同时又会影响儿童心理的发展。所以教师对待儿童,不但要热爱,而且态度要公平。

• 引自《怎样做人民的幼稚园教师》(1950年),载《陈鹤琴全集》(第二卷),第443页

14. 幼稚生在园的时间少,在家的时候多。幼稚园虽然用了最好的方法去教,回到了家里,一齐搁起,或者有些要求和做法与幼稚园相反,那就糟了。还有儿童遇到疾病的时候,不能来园(不是不能起床,不过因为防传染而不来园,如伤风等病),这时候,幼稚园就应该设法帮助家庭,如送去故事书、读法等材料,告知园中所用的方法,送去教材。一面是直接训练家长,一面是间接教

育儿童，所得到的效果也就比单独注重于本园教导要好得多。

- 引自《幼稚教育》(1926年)，载《陈鹤琴全集》(第二卷)，第24页

15. 对于如何使儿童适应新环境，一方面是保教工作人员要懂得儿童心理，并对儿童所发生的问题，加以调查和研究，再与家庭取得联系，采取正确的方法，帮助儿童适应新的环境；另一方面，要充实幼稚园的设备，设置丰富的教育环境和游戏环境，使儿童在各种活动当中，对幼稚园发生亲切的感情，进而得到启发，得到教育，使儿童深深地体验到幼稚园是他们的乐园。

- 引自《如何使幼稚生适应新环境》(1951年)，载《陈鹤琴全集》(第二卷)，第454、455页

16. 如何解决幼稚生适应环境的问题：(1) 建立师生关系。(2) 熟悉环境。(3) 建立儿童间的关系。(4) 设置丰富的游戏环境。(5) 设置丰富的教育环境。(6) 建立家庭与幼稚园之间的联系。

• 引自《如何使幼稚生适应新环境》(1951年),载《陈鹤琴全集》(第二卷),第453、454页

17. 健全的身体是一个人做人、做事、做学问的基础,所以做教师的要时时刻刻注意心身两方面的健康。

• 引自《怎样做人民的幼稚园教师》(1950年),载《陈鹤琴全集》(第二卷),第443页

18. 儿童适应环境的能力与年龄成正比,年龄较大,适应环境的能力也较强;反之,年龄较小,适应环境的能力也较弱。因此,一个初到幼稚园的小孩子,他不适应新环境,应该先要知道他的年龄,以便协助他如何适应新环境。

• 引自《如何使幼稚生适应新环境》(1951年),载《陈鹤琴全集》(第二卷),第452页

19. 儿童适应环境能力的强弱,与年龄有很大关系,与身体也有关系。身体强健的小孩子,他很快就会在幼稚园里跟其他的小孩子玩各种游戏器具,做各种工作;

如果身体不好,他要在新的环境里面很活跃地做各种工作,玩各种玩具,是比较困难的。因此,对于一个初来幼稚园的小孩,找寻他发生问题的原因,也可以从他的身体健康上面去找解答。

- 引自《如何使幼稚生适应新环境》(1951年),载《陈鹤琴全集》(第二卷),第452页

20. 毫无疑义,能力强的小孩子,适应新环境的能力也强;如果能力不强,他对于适应新环境更感到困难。因此,对于初来幼稚园的小孩,可以从能力方面去判断他适应环境能力的强弱。

- 引自《如何使幼稚生适应新环境》(1951年),载《陈鹤琴全集》(第二卷),第452页

21. 中国的幼稚教育可说是一块处女地,正等着千千万万从事于幼教工作的人去开拓,举凡设施、教学、教材……都需要全体幼教工作人员创造、实验、推广,使幼稚教育在中国开放出鲜艳的花朵,结成甜美的果实,为祖国新生的一代开拓一块辽阔而美丽的园地。

- 引自《怎样做人民的幼稚园教师》(1950年)，载《陈鹤琴全集》(第二卷)，第444页

22. 教师处理儿童问题应有的态度：(一)应找出问题原因。对于儿童所发生的问题应从多方面去找原因，不能单凭一些现象而采用不正确的方法，头痛医头，脚痛医脚，有时候会不得要领而发生错误的。因此，我们对于儿童的失常情态，要从调查着手。这样，才不至于发生错误。(二)应当有耐心，要爱儿童。一个教师如果没有耐心、不爱儿童是不行的。有耐心才会仔细地研究问题，才会慢慢地克服困难而达到目的，完成任务。爱儿童才会很好地带领儿童，教养儿童。因此，做幼稚园教师起码的条件是要有耐心，要爱儿童，尤其在解决儿童各种问题上更要具备这个条件。

- 引自《如何使幼稚生适应新环境》(1951年)，载《陈鹤琴全集》(第二卷)，第454页

23. 幼师更进行了工作单元的制订。其程序是：第一，分析幼稚园教师应具有的能力，编成优良幼稚教师

之能力表。第二,分析幼稚园及幼稚师范的教材,按照进度,组成单元。第三,学生学习,本其个人之智能,按程序进行,不受班级的牵制。第四,学习能力强者,规定年限可修完全部课程;较次者时间较长,单元未完,不予毕业。

- 引自《战后中国的幼稚教育》(1947年),载《陈鹤琴全集》(第二卷),第419页

24. 幼稚园行政课程目标:(1)使学生明了创设幼稚园的方法。(2)使学生具有处理园务的知能。(3)使学生明了教导幼稚生的方法。

- 引自《国立幼师的三个课程标准草案》(1945年),载《陈鹤琴全集》(第五卷),第53页

25. 亲爱的教师们,儿童的命运,掌握在你们手里,只有认识儿童,爱儿童,才能发展儿童的才能,光明的、和平的、快乐的世界完成的一天,也就是我们的任务完成的一天。

- 引自《重视儿童的力量》(1947年),载《陈鹤琴全集》(第四卷),第340页

二

怎样教导儿童

1. 与幼稚教育直接有关系的,就是幼稚生心理的研究。若不知儿童的心理而施行教育,那这种教育必定没有良好的结果。儿童心理学是幼稚教育的基础。未施教以前,我们应当知道儿童的心理,他怎样学的,用什么方法学起来最经济、最有效力。

- 引自《幼稚教育之新趋势》(1927年),载《陈鹤琴全集》(第二卷),第101页

2. 我们常常看到初入幼稚园的儿童,见到什么都怕,过了一些时候,能渐渐地去接近他惧怕的东西,教师

倘能处处注意，必能把儿童已养成的惧怕情绪打消。

- 引自《幼稚教育》(1926年)，载《陈鹤琴全集》(第二卷)，第19页

3. 近年来，发生了一种新趋势。这种新趋势，一方面解放旧式幼稚园的束缚，一方面矫正儿童院的放任。这种新趋势就是"自由工作"。在这种自由工作制度之下，小孩子得以自由工作，得以自由集合，得以自由合作。但教师必须从旁指导，不让小孩子瞎做瞎弄，妨碍他人的工作，消磨自己的光阴，以养成各种叫嚣的坏习惯。小孩子做什么，画什么，唱什么，教师预先必要有充分的准备，临时必要有适当的指导。教师常常在旁照顾，小孩子若做错了或要做错了，教师就应从旁指导。这样一来，小孩子的进步很快。

- 引自《幼稚教育之新趋势》(1927年)，载《陈鹤琴全集》(第二卷)，第99页

4. 现在一般普通幼稚园的教法，还是一种班级制(团体式)的教法，还不能适应儿童个别需要与兴趣，照

例个别儿童或两三个儿童随意做一种工作,这种工作可以自动地去做,或者由教师暗示,或者由他们自己想出,教师只要在旁边辅导。这种自由的个别教学法虽有人提倡,而采用的人还是很少。

• 引自《四年来之中国幼稚教育》(1931年),载《陈鹤琴全集》(第二卷),第235页

5. 怎样保护儿童的健康:(1)培养卫生习惯。(2)注意作息时间。(3)发展儿童各种活动动作。(4)重视户外活动。(5)给儿童充分的娱乐和游戏。(6)了解什么是儿童的营养。(7)注意儿童合理的衣着。(8)预防传染病。(9)矫正儿童身体的缺点。(10)锻炼儿童的体格以适应环境。(11)给不同年龄的儿童各种玩具和游戏器具。

• 引自《怎样做人民的幼稚园教师》(1950年),载《陈鹤琴全集》(第二卷),第437、438页

6. 卫生习惯是巩固儿童身心健康的必备条件,从幼稚园开始就要积极指导儿童注意日常生活上的卫生习

惯。如每天早晨大便一次，不乱吃零食，经常保持身体、头脸、服装的整洁习惯等等。

- 引自《怎样做人民的幼稚园教师》(1950年)，载《陈鹤琴全集》(第二卷)，第437页

7. 锻炼儿童的体格以适应环境。我们往往不知道如何锻炼，一味地防护，把儿童养得太娇嫩，是应该改变的。

- 引自《怎样做人民的幼稚园教师》(1950年)，载《陈鹤琴全集》(第二卷)，第438页

8. 一个教师如果像工头一样站在学生的旁边，指挥这个，命令那个，而自己却十指不沾，这是顶坏的现象，也是顶笨拙的教学方法。如果你要了解儿童的个性和兴趣，明了儿童的能力和情感，自己一定要参加到儿童的队伍里面去，共同游戏，共同工作。这样才能深切地了解儿童，指导儿童。

- 引自《怎样做人民的幼稚园教师》(1950年)，载《陈鹤琴全集》(第二卷)，第439页

第四编　怎样做幼儿园教师

9. 一班几十个儿童,他们的生活经验、个性、兴趣以及学习能力,大都不相同,做教师的一定要依照着儿童的经验、个性、兴趣以及学习能力为他选择适当的学习材料,这样才能使教学活动收到相当的效果。

- 引自《怎样做人民的幼稚园教师》(1950年),载《陈鹤琴全集》(第二卷),第441页

10. 教师要掌握的教学技术:(1)能讲动听的故事。(2)能编歌谣谜语。(3)能画图。(4)能做手工,如纸工、木工、泥工、布工、漆工等。(5)能唱歌。(6)能奏一种乐器。(7)能种花种菜。(8)能玩简单的科学把戏。(9)能布置教室。(10)能做点心和烧菜。(11)能做初步的急救工作。

- 引自《怎样做人民的幼稚园教师》(1950年),载《陈鹤琴全集》(第二卷),第441、442页

11. 没有一个人不喜欢听好话的,也没有一个人喜欢人家骂他的。这种心理,是每个人都有的。我们可以利用这种心理来鼓励儿童怎样做人、怎样求学。

- 引自《活教育的教学原则》(1948年),载《陈鹤琴全集》(第五卷),第71页

12. 假使你看见一个小朋友演说得好,你称赞他几句,这个小朋友对于演说一定会格外努力。随便什么事,你要小孩子怎样做,做什么样的人,学什么样的事,求什么样的知识,研究什么样的问题,你要有一个法宝。什么法宝呢?就是"鼓励"。

- 引自《活教育的教学原则》(1948年),载《陈鹤琴全集》(第五卷),第71页

13. 所以最可怕的,就是做教师的,对于教学的事情认为没有什么问题,以为"教书"是一件最容易做的事。其实各种教学方面的事情都会有问题的,而他竟茫然不知,这是何等的危险!但如果只觉得有困难,只觉得有问题,而不去解决,那也是没有用处的。最紧要的,就是知道有问题而力求解决,这样的教师是最有希望的。

- 引自《〈儿童教育〉二卷三期卷头语》(1930年),载《陈鹤琴全集》(第四卷),第43页

14. 教师的学问尽管怎样的好,教授无论怎样认真,而他的态度不好,儿童收到的效果,总是很少。因为活泼的儿童,见了很可怕的老师,不会发生好感,学习也不会发生兴趣。所以教师一定要有慈母的态度,热烈的心肠,对待学生如儿女一样,那么教师与学生、儿童间自然会产生感情。而儿童对于教师,自有一种信仰心,在教学训练中,一些问题容易解决。

- 引自《一个理想的小学校》(1928年),载《陈鹤琴全集》(第四卷),第32页

15. 对于儿童所发生的问题应从多方面去找原因,不能单凭一些现象,而采用不正确的方法。头痛医头,脚痛医脚,有时候会不得要领而发生错误的。因此,我们对于儿童的失常情态,要从调查着手,这样,才不至于发生错误。

- 引自《如何使幼稚生适应新环境》(1951年),载《陈鹤琴全集》(第二卷),第454页

16. 一个刚离开父母、离开家庭的小孩,像是一个迷

路的羔羊，也像是一只迷失方向的小船，他时时刻刻感到失去依靠，茫茫然无所适从；在这个时候，做教师的就应该跟他接近，取得他的信任，使他觉得教师是他最可依靠的人。这样，小孩子心理上的孤独感才能消除。

• 引自《如何使幼稚生适应新环境》(1951年)，载《陈鹤琴全集》(第二卷)，第453页

17. 对于初进幼稚园的小朋友，不但是要他认识物质环境，更重要的是使他熟悉人的环境，使儿童之间建立关系。可以给新来的小朋友介绍朋友，还可以开欢迎会，使新旧小朋友从活动当中很快地熟悉起来，发生感情。这样，小孩子不再感到孤单、陌生。

• 引自《如何使幼稚生适应新环境》(1951年)，载《陈鹤琴全集》(第二卷)，第454页

18. 我们应如何利用模仿心呢？做父母的要格外留意，因为他们的一举一动，都能影响他们的儿童。做师长的，亦须"以身作则"，烟酒嫖赌，尤宜戒绝。吾闻友人说某校学生，因为教员吸烟，亦居然仿效，谓教员可吸我

们为什么不可吸。做职教员除了要以身作则之外,还宜养成纯美的校风,使得学生在不知不觉中模仿。

• 引自《儿童心理及教育儿童之方法》(1921年),载《陈鹤琴全集》(第一卷),第2页

19. 除了教学经验之外,教师们还必须具有思想觉悟、儿童心理知识、中外历史知识、丰富的自然常识、熟练的教学技能,才能愉快地胜任。

• 引自《怎样试验幼稚园课程》(1964年),载《陈鹤琴全集》(第二卷),第463页

20. 教师处理儿童问题应有的态度:(1)应找出问题原因。(2)应当要有耐心,要爱儿童。

• 引自《如何使幼稚生适应新环境》(1951年),载《陈鹤琴全集》(第二卷),第454页

三

特殊儿童教育

1. 教育者应以各种方法使其在可能范围内,实现这一目标,除非是最低级的低能,只宜于消极的救济与收养。(1)改进低能的健康状态,使能担负日常劳动。(2)建立低能的思想态度,使能了解自身的工作。(3)培养合作习惯,使能适应集体的生活。(4)训练生产技能,使能维持自己的生活。

• 引自《低能儿童之研究》(1948年),载《陈鹤琴全集》(第一卷),第546页

2. 低能教育中,教师的条件非常重要。除了普通教

师所应具的条件之外，低能儿童的教师，更须具有特别的修养。因为低能儿童的教师，教学对象是低能。

• 引自《低能儿童之研究》（1948年），载《陈鹤琴全集》（第一卷），第549页

3.特殊学校教师具备的标准：（1）言语要清楚。（2）语言要庄重。（3）态度要和善。（4）说话要多反复。（5）态度要快乐。（6）态度要真诚。（7）对儿童要亲切。（8）对儿童要多鼓励。（9）对儿童的成绩勿奢望。（10）要有忍耐性。（11）要有音乐才能。（12）要有劳作才能。（13）要有看护本领。（14）要有高尚人格。（15）要会讲生动的故事。（16）要会做有趣的游戏。（17）要会做精巧的玩具。（18）要有敏锐的目光。（19）要有会意的本领。（20）要存同情的心理。

• 引自《低能儿童之研究》（1948年），载《陈鹤琴全集》（第一卷），第549页

4.凡从事低能教育的，应具备的基本条件：（1）曾有专业训练。（2）要有学者的态度。（3）要有医生的精

神。(4)要有事业的意志。(5)要有慈母的心肠。

- 引自《低能儿童之研究》(1948年),载《陈鹤琴全集》(第一卷),第549、550页

5. 低能教育是要求很高的工作,教师须具备学者的态度,把教育作为不断研究的过程,随时发现问题,随时解决问题。他是研究者,同时也是科学家。他可以用最大的努力来发掘新的方法。

- 引自《低能儿童之研究》(1948年),载《陈鹤琴全集》(第一卷),第549页

6. 低能儿童教育,一方面固然说是教育的过程,同时,也正如医生对病者一样兼有医疗的过程。低能心理的停滞现象至为微细,教师对儿童的观察,须有这种医生精神。

- 引自《低能儿童之研究》(1948年),载《陈鹤琴全集》(第一卷),第550页

7. 从事于低能教育的教师,不能视这种工作为寻常

的职业。他应明了自己的任务,把这种教育工作作为自身终生的事业,为低能教育,亦即为自己的事业前途,亦即为全社会的进步而努力。具有事业的意志,我们才能以最大的坚忍与效率来推动这种教育的发展。

- 引自《低能儿童之研究》(1948年),载《陈鹤琴全集》(第一卷),第550页

8. 我敢相信,凡是儿童都可教的(除去生理上有残疾的),都可以教成为有成就的人。不过教的方法,和寻常教育不同,应该要有特殊的研究。

- 引自《幼稚教育》(1926年),载《陈鹤琴全集》(第二卷),第13页

9. 口吃者为什么口吃呢?是否是先天遗传下来的,还是后天学来的?口吃一症,是从后天发生的,是因为未口吃以前,口吃者偶遭阻力,使所要说的字句,忽而说不出来,以后就怕说那个字句。一怕说,寻常说话的机械动作大受阻挠,而还要用力去战胜它,说话的机械动作一受阻挠,说话因此不易,而惧怕益甚。还有一种致口吃的原因,

就是模仿。常有儿童,因模仿口吃者而发生口吃。

• 引自《儿童心理之研究》(1925年),载《陈鹤琴全集》(第一卷),第354、355页

10. 当儿童厌倦或情绪激动的时候,他的言语每不能跟他的思想相一致,这时,他便能发生口吃的现象。如儿童不去注意口吃,往往很快就会消弭这种口吃。成人发现儿童口吃时,应即冷静地观察其缘由,切不可惊慌失措或讥讽嘲笑。不过儿童故意模仿别人的口吃时,我们便当设法禁止。

• 引自《儿童心理学》(1952年),载《陈鹤琴全集》(第一卷),第462、463页

11. 你若看见了口吃的人,应当怎样教他呢?你绝对不要说他。你一听到他有一句话说得不口吃,就称赞他说:"啊!你这句话说得好。"这样一来,他的胆子就大了,他的胆子一大,口吃的毛病就会减少,慢慢地口吃就会无形中消灭了。

• 引自《活教育的教学原则》(1948年),载《陈鹤琴全集》(第

五卷),第72页

12. 民主国家的教育原则,就是人人要受教育,人人要尽量发展其天赋,在这个原则之下的聋哑残废,也由国家给予特殊教育。这一次,我见到一个既聋且瞎的人,他因为在一个聋哑学校受教育,居然可以和我对谈。怎么样的一个方法呢?很奇怪,他用手摸着我的嘴巴,便知道我问什么,他再用手在我的手上回答。他告诉我,一年之后,他要毕业了,还准备上大学深造。这真是教育上的一大奇迹。而普通的一般学校还设有特殊班,在纽约一共有1 730个班,有700位老师,用特殊的测验器,测验近视眼、重听以及智力薄弱的儿童,然后再分班教授。有特殊的设备,譬如专门教授特殊儿童的课堂,他们用的是白板、颜色粉笔、大字体的课本,以及光线测量的器具,一切设备都是科学化。所以,科学发展到今天,在人类的历史上,不知创立了多少新奇的事物,我们如果要借教育的力量来改造人类,征服自然,一定要求科学的发展,用科学的方法来实施教育。

- 引自《欧美教育的新趋势》(1949年),载《陈鹤琴全集》(第四卷),第343、344页

13. 过去的儿童教育,不是没有把特殊的儿童与普通的儿童分开施教,便是把特殊儿童丢在一旁不闻不问,这两者都不是适当办法。把特殊儿童硬生生地和普通儿童放在一起受教,结果,两方面都会感到难以适应,所以特殊儿童一定要特别分开,依据生理或心理的研究,对他们施以适合其需要的特殊教育。把低能儿童送到低能儿童学校,聋哑的送到聋哑学校读书,这样因材施教,各得其宜,教育的力量在这种地方就可以分外显出它的伟大来了。

- 引自《中国儿童教育之路》(1947年),载《陈鹤琴全集》(第四卷),第316页

14. 教育的对象本来是"有教无类",而国家对儿童犹之父母之对他的子女,必须一视同仁,不能因为他们的身心智力的差别而遂不顾到他,忽略了他的前途,他的幸福。要知道2 700多万特殊儿童没有享受教育的机

会,就等于使国家多了2 700多万废人,这对国家是何等大的损失?反过来说,如果给他们以特殊教育,他们就可以好好地发展,而增加了极大的力量。为了要拯救这样多的特殊儿童从疾苦中解脱,使他们能对社会贡献其所能贡献的力量,必须广设特殊儿童学校,为他们开辟一条幸福的大道,给他们享受特殊的儿童教育。

- 引自《中国儿童教育之路》(1947年),载《陈鹤琴全集》(第四卷),第318页

15. 也许有人说:平日健全的儿童都没有受教育的机会,残缺的儿童更无法顾及。话虽如此讲,国家的贫瘠,物质条件的缺乏,使得特殊教育的推行遇到很大的阻力,这种工作是艰巨的,但是很有意义。我们应当在可能范围内尽量去努力用后天的力量去弥补先天或后天的不足,使那些一向被人忽略、被人遗忘掉的特殊儿童得到教育与治疗,他们将会和常儿一样愉快地、健康地生活,成长。

- 引自《特殊儿童教育在美国》(1949年),载《陈鹤琴全集》(第四卷),第322页

四

谁是成功的教师

1. 各人有各人的气概,有的如夏日之可畏,有的如冬日之可爱,幼稚教师要像冬日之可爱。凡事要很快乐,少烦恼,多笑容,这样人家看到也就快活,儿童尤其容易感受。教师能在儿童队伍中忘却他自己是教师,而是一个欢天喜地的领袖,同时在家长及社会方面,也能受到乐与为伍的反应。

• 引自《幼稚教育》(1926年),载《陈鹤琴全集》(第二卷),第26页

2. 你要做一个成功的教师,你一定要注意环境,利

用环境。环境中有许许多多的东西，初看看与你所教的没有关系，仔细研究研究看，也可以变成很好的教材，很好的教具呢！

• 引自《活教育的教学原则》(1948年)，载《陈鹤琴全集》(第五卷)，第90页

3. 幼稚园教师应该具备何种品格呢？依波格莱（Bagley，美国教育家）和堪斯（Keith，美国教育家）的意见，有下列四项：（1）对于琐细事件的兴趣。（2）对于各儿童的兴趣。（3）明慧的忍耐心。（4）清晰的头脑及和蔼的性情。

• 引自《谁是成功的教师》(1949年)，载《怎样做幼稚园教师》，华东师范大学出版社2013年7月版，第13页

4. 教师要掌握教学技术的原则：（1）要了解教学的基本原则在"做"。（2）能掌握理论与实际一致的教学方法。（3）能了解每个儿童的个性和他的问题。（4）建立师生间的友谊。（5）能选择适当的学习经验。（6）能充分利用大自然、大社会中的活教材。（7）能掌握表情达

意的工具。

- 引自《怎样做人民的幼稚园教师》(1950年),载《陈鹤琴全集》(第二卷),第440、441页

5. 儿童好活动的欲望,一切都爱自己做的欲望,就是培养儿童独立活动的基础。教师们必须随时随地耐心地指导幼儿,在日常生活当中,各项作业当中,培养幼儿的主动性及独立活动的能力和习惯。

- 引自《幼儿教育的新动向》(1951年),载《陈鹤琴全集》(第二卷),第447页

6. 我们觉得一个优良的现代教师,其本身的修养,除了必须具备身体与精神的健康之外,更应当有广泛而正确的知识。他应当学习哲学,借此来健全自己的思想与工作态度;他应当学习社会科学,包括政治、经济、社会、历史等,一方面可以丰富其教学内容,同时在另一方面,他更可以因此明了现实世界的大势与趋向以及现实社会的现象、状况,对自己生活的社会环境充分了解之后,一种现代化的、中国化的新教育,才能创造出来,才

能发展起来；同时他还应当学习自然科学，借以了解大自然的奥秘，从探问大自然，进而征服大自然。

- 引自《教育工作者的修养》(1948年)，载《陈鹤琴全集》(第四卷)，第 326 页

7. 一个教师如果没有耐心、不爱儿童，是不行的。有耐心才会仔细地研究问题，才会慢慢地克服困难，而达到目的，完成任务。爱儿童才会很好地带领儿童，教养儿童。因此，做幼稚园教师起码的条件是要有耐心，要爱儿童，尤其在解决儿童各种问题上更要具备这个条件。

- 引自《如何使幼稚生适应新环境》(1951年)，载《陈鹤琴全集》(第二卷)，第 454 页

第五编

活 教 育

一

活教育目标论

1. "活教育"顾名思义,就是反对已经埋没人性的死教育,反对读死书的死教育,它要摧毁传统教育的锁链,让新中国的主人,从淫威独断的痛苦深渊中解放出来。所以,活教育首先以三个目标坚定自己的信念,这三大目标即是:(1)做人,做中国人,做现代中国人。(2)做中教,做中学,做中求进步。(3)大自然、大社会,是我们的活教材。

 • 引自《战后中国的幼稚教育》(1947年),载《陈鹤琴全集》(第二卷),第415页

2. 因为我们相信,做现代中国人,必须具有健全的身体、自动的能力、创造的思想、生产的技术、服务的精神;同时我们相信,幼稚师范是在培养优良的幼稚教师具有慈母的心肠、丰富的知识、和蔼的性情、研究的态度。所以,我们的教学原则,就以此为依归,而大致地定为这样几点:第一,向大自然、大社会去追求活教材。第二,运用做中学、做中教、做中求进步的活教法。第三,培养生产能力,是要学校农场化、工场化;学生农民化、工人化。第四,活教师要用活教法,教育活教材,才有活学生。第五,活教师、活学生,集中力量,改造环境,才有活社会。第六,我们能够自己做的,我们都自己来做。

- 引自《战后中国的幼稚教育》(1947年),载《陈鹤琴全集》(第二卷),第415、416页

3. 不错,中国的教育应当和外国的教育有所畛畦,它自有它的特性。这"做人,做中国人,做现代中国人"就是中国教育惟一的特点,不苟同于其他各国的教育目的。

- 引自《活教育要怎样实施的》(1944年),载《陈鹤琴全集》(第四卷),第274页

4. 活教育的目的,就是在于做人、做中国人、做世界人。今天中国人应具有这样五个条件:第一是健全的身体;第二是要有创造的能力;第三是服务的精神;第四是要有合作的态度;第五是要有世界的眼光。

- 引自《活教育的目的论》(1948年),载《陈鹤琴全集》(第五卷),第64页

5. 要培养儿童在社会上做一个健全的公民。现今社会个人主义太盛,只重个人发展,只顾个人的安乐、幸福,而对他人的安宁、利害不恤和不顾。这样的弱肉强食,争夺抢杀还成什么世界? 所以一定要注意公民的训练,培养对于人类的同情心,注意儿童的自治能力,组织团体生活,使他们成为一个社会健全的分子。

- 引自《一个理想的小学校》(1928年),载《陈鹤琴全集》(第四卷),第35页

6. 我们要爱国家、爱人类、爱真理,便要为国家服务,为全世界的人类服务,为真理服务。如果我们只有知识和技能却不服务于社会,只知自私自利,就失去了教育的目的。

- 引自《活教育的目的论》(1948年),载《陈鹤琴全集》(第五卷),第61页

7. 要爱真理,要认识真理,我们必须要养成求真的态度。事事图表面好看,骨子里面却是乱七八糟,甚至有人公然主张"一知半解""得糊涂且糊涂",这种态度是最不好的。

- 引自《活教育的目的论》(1948年),载《陈鹤琴全集》(第五卷),第64页

8. 身体的好坏,对于一个人一生的生活、事业及其抱负都有极大的影响。一般地说,一个健康的人,他有理想,他乐观、积极、有毅力,他能担当起大事。而一个不健康的人,往往消沉,遇事灰心,即或他有理想,想承担重任,而他的身体吃不消,所以健康是非常重要的。

- 引自《活教育的目的论》(1948年),载《陈鹤琴全集》(第五卷),第60页

9. 身心健康是一个人最大的资本,民族健康是一个国家最大的资本。

- 引自《怎样锻炼小孩子》(1951年),载《陈鹤琴全集》(第三卷),第32页

10. 个人的健康因素有两个:一个是遗传,一个是环境。环境包括教养,照近代科学的研究,环境影响个体比遗传还要来得大。

- 引自《怎样锻炼小孩子》(1951年),载《陈鹤琴全集》(第三卷),第32页

11. 影响健康的环境因素究竟包括些什么?营养、睡眠、休息、日光、空气、运动、卫生习惯(包括每日大便、经常洗澡)和愉快心情。愉快的心情是健康的表现、满足需要的表现,但也能影响身心的健康。运动在影响健康的因素中究竟占着多大的重要地位,我们还不大清

楚,但适当的运动能影响身心的健康,能锻炼小孩子的身体,这是毫无疑义的。什么运动最妥当呢?什么运动最能影响身心的健康呢?什么运动最能锻炼小孩子身体呢?这当然是要看运动者的年龄、体力而定。

- 引自《怎样锻炼小孩子》(1951年),载《陈鹤琴全集》(第三卷),第32页

12. 直立的姿势于人的见界、思想、胆量、气度有密切的关系。一个驼背的人,不看见天上的美丽云霞,不望见遥远的山明水秀,只是低着头,望着地,缩短视线,狭小胸襟而已。一个挺着胸、直着背的人,能见得远,望得高,他的见解容易来得广阔。

- 引自《儿童的姿势》(1941年),载《陈鹤琴全集》(第四卷),第106页

二

活教育课程论

1. 在幼师的课程中,教材教法与各科紧密联系,各科教学在最后一年,以幼稚园及小学的教材为范围,使学生能将所学与所用互相配合,对各科教学产生浓厚兴趣,增进了不少的活力。

• 引自《战后中国的幼稚教育》(1947年),载《陈鹤琴全集》(第二卷),第419页

2. 帮助儿童注意四周的环境可以发展儿童各种兴趣,满足儿童的求知欲,培养儿童的观察力。……我们一定要帮助儿童张开眼睛,打开耳朵,挥动双手,使儿童

能认识环境、接触环境,以至创造环境。

- 引自《怎样做人民的幼稚园教师》(1950年),载《陈鹤琴全集》(第二卷),第439页

3. 大自然是我们知识的宝库,是我们的活教材、活教师,我们应当向它领教,向它探讨。大社会何尝不是我们生活的宝库,何尝不是我们的活教材、我们的活教师呢?

- 引自《活教育的教学原则》(1948年),载《陈鹤琴全集》(第五卷),第74页

4. 儿童的世界多么大,有伟大的自然亟待他去发现,有广博的大社会亟待他去探讨。什么四季鲜艳夺目的花草树木,什么光怪陆离的虫鱼禽兽,什么变化莫测的风霜雨雪,什么奇妙伟大的日月星辰,都是儿童知识的宝库。

- 引自《活教育的教学原则》(1948年),载《陈鹤琴全集》(第五卷),第70页

5. 大社会也是儿童的世界，家庭怎样组织的，乡镇怎样自治的，社会上的风俗习惯怎样形成的，国家怎样富强的，世界怎样进化的，这一切社会的实际问题，都是儿童的活教材。

- 引自《活教育的教学原则》(1948年)，载《陈鹤琴全集》(第五卷)，第70页

6. 把一本教科书摊开来，遮住了儿童的两只眼睛，儿童所看见的世界，不过是一本6寸高、8寸宽的书本世界而已。一天到晚要儿童在这个渺小的书本世界里面去求知识，去求学问，去学做人，岂不是等于梦想吗？

- 引自《活教育的教学原则》(1948年)，载《陈鹤琴全集》(第五卷)，第70页

7. 大家都知道，人之所以异于其他的动物，就因为人是一种社会的动物。自有人类历史以来，人都是过着社会生活的，人不能离开社会而独立。既然如此，人就必定在人与人之间相互发生关系。怎么使这个关系正确而完好地建立起来，以通过这个关系参与共同生活，

通力合作以谋控制自然、改进社会,使个人及全人类得到幸福,便是一个做人的问题,所以活教育要讲做人,应当努力来学习如何做人,如何求得社会的进步,人类的发展。

• 引自《活教育的目的论》(1948年),载《陈鹤琴全集》(第五卷),第59页

8. 教科书我们并不反对用,不过我们要用活的教科书。比利时也有他们的教科书,可都是活的。他们的教科书是由儿童每次研究的东西记录下来的活的写实,教师选择其中最好的一篇翻印出来给大家用。我们所需要的教科书也应当是活的,而不是在夏天来谈雪,在冬天来谈蚊子和苍蝇。不知道用又新鲜又方便的实物,而出钱去买挂图(可是还有连挂图都不知道用,只是靠口述的)。我们是主张到田间去,到动物园去,到大自然去,一切的一切都是活的,都是与儿童有密切的关系,有重大价值的。

• 引自《什么叫做"活的教育"》(1940年),载《陈鹤琴全集》

(第五卷),第18页

9.我们要研究所有的教材,是否适合儿童的需要。我们要研究所用的教法,是否能够引起儿童的兴趣,启发儿童的思想,培养儿童创造的能力。我们要研究种种教学上的设施,是否合于儿童的心理。我们要检讨既往,策励将来,把所有的教材重新估量,把所有的教法重新研讨。我们要利用大自然、大社会做我们的活教材。我们要在做中教,做中学,做中求进步。我们要有活教师、活儿童,以集中力量改进环境,创造活社会,建设新国家。

• 引自《〈活教育〉发刊词》(1941年),载《陈鹤琴全集》(第五卷),第1页

10.从事活教育教学的教师,一定要具备几个基本的条件,才能够胜任愉快。(1)要爱护儿童。(2)要了解儿童。(3)要有积极的态度。(4)要有研究的精神。(5)要有改造环境的能力。(6)除具有国语修养外,须

有一种专门学科的特长。(7)须有健全的体格。

- 引自《活教育要怎样实施的》(1944年),载《陈鹤琴全集》(第四卷),第282页

11. 当年德可乐利叫儿童自己编了教科书研究,华虚朋也叫儿童自己编教科书来应用,他的目的就是要小孩子直接去接触各种知识。比如讲到鱼,就要让小孩子看到真正的鱼,让他们观察鱼怎样呼吸,怎样转弯,怎样浮沉,让他们自己来解剖鱼体,研究鱼的各部。我们要鼓励儿童自己研究的精神。

- 引自《活教育要怎样实施的》(1944年),载《陈鹤琴全集》(第四卷),第279、280页

12. 活教育的课程是把大自然、大社会做出发点,让学生直接向大自然、大社会去学习。

- 引自《活教育要怎样实施的》(1944年),载《陈鹤琴全集》(第四卷),第279页

13. 因为中国人对于教育向来有一种错误的见解,

比如学生在学校肄业,称为读"书"。教师授各种学科,又称为教"书"。大家把"书"看作唯一的教育资料。现在我们就要矫正这一种错误的见解。要晓得书本上的知识是间接的,大自然、大社会才是我们活的书、直接的书。

· 引自《活教育要怎样实施的》(1944年),载《陈鹤琴全集》(第四卷),第279页

14. 现在学校的教室,可以改称为"活动场所"了,"教室"两个字,顾名思义,着重在"教"。现在有些学校已经把"教室"改称为"工作室","工作室"着重在"工作",也就是着重在"做",这比起"教室"两个字来好得多了。不过我们现在如果把"工作室"再称为"活动场所",那似乎更完善一点,因为"活动"包括了"教",也包括了"学",所以打破了"教"和"学"的界限,不惟打破了"教"和"学"的界限。因为现在教室固然是活动场所,教室外的大自然、大社会也是活动场所,比较起来,教室的活动场所不过是一个很小的范围罢了。

- 引自《活教育要怎样实施的》(1944年),载《陈鹤琴全集》(第四卷),第278、279页

15. 观察是获得知识的基本方法,而精密观察则是开启真理宝藏的钥匙,握着这把钥匙,我们便能接近科学的真理。……因此,我们在教学的过程中,如果也能采用观察的方法,一方面通过实地观察来施行教学;另一方面通过实际研究来培养儿童善用观察的学习态度,则教学的效果,必将因此而有所增进。

- 引自《活教育的教学原则》(1948年),载《陈鹤琴全集》(第五卷),第100页

16. 我们可以说观察不仅能增进教学的效能,同时,还可以培养儿童学习的兴趣与求真的态度。我们都知道,死教书不仅教的人自己觉得枯燥无味,就是儿童也异常地痛苦。这种痛苦的感觉,在儿童方面可以说是最敏锐的,因此,他们惧怕读书,对任何学习,都显示冷淡的态度。遇到这种情形时,我们总说学生学习不起劲,其实这并不是学生不起劲,而是因为教学的方法有问

题。假使我们改变教法,发挥观察的作用,使儿童向活生生的事物去学习,向大自然、大社会去学习,那么,他们的学习兴趣必能勃然大作,然后予以正确的指导,儿童自然能获得真实的学问。

- *引自《活教育的教学原则》(1948年),载《陈鹤琴全集》(第五卷),第101页*

17. 观察的教学,不仅能促进教学兴趣,而且儿童的人生态度,亦将因此而得到健全的发展。观察所依据的是客观事实,失去事实的支持,则附会造作都将产生。儿童养成观察习惯之后,一种尊重事实、求真求是的态度,很自然地会建立起来。

- *引自《活教育的教学原则》(1948年),载《陈鹤琴全集》(第五卷),第101、102页*

18. 观察作为教学的方法来运用时,是具有一种明确的目标的。为使教学的目标能圆满地达成,观察的过程必须具有严密的计划,然后,按着这种计划,再来做系统的观察。有系统的观察,实是使观察得以精密的主要条件。

- 引自《活教育的教学原则》(1948年),载《陈鹤琴全集》(第五卷),第102页

19. 全面的观察要照顾到观察对象的各个方面,至于五官俱到的观察,则是观察者的主观的努力。观察者不仅是以片面的感官进行观察,而且还需要以视觉、听觉、嗅觉与触觉,五官俱到地观察,才能发掘事物的真理。这就是说当观察的时候,我们要尽可能地利用我们的感官。我们用眼去看,用耳去听,用舌去尝,用鼻去嗅,并且还得用手去摸,让它们互相补充,互相帮助,使观察的过程更加完全,更加正确。

- 引自《活教育的教学原则》(1948年),载《陈鹤琴全集》(第五卷),第102页

20. 儿童教儿童,意思就是以儿童来教育儿童,以儿童来指导儿童。陶行知先生所提出的"小先生"制,就是以儿童教育儿童为原则的。

- 引自《活教育的教学原则》(1948年),载《陈鹤琴全集》(第

五卷)，第98页

21.儿童为了要教，事先就得充分准备；在教过以后，他对于所教的内容，认识必然更加清楚。所以，儿童教儿童，不但是被教者得益，即使教者本身，亦得到很大的益处。这种得益，不仅是在教材以内的知识范围而已，儿童且获得发展创造才能的机会。

• 引自《活教育的教学原则》(1948年)，载《陈鹤琴全集》(第五卷)，第99页

22.儿童的活动组织我们依据两个原则来拟定。第一个原则是"根据儿童的生活需要"；第二个原则是"根据儿童的学习兴趣"。

• 引自《活教育要怎样实施的》(1944年)，载《陈鹤琴全集》(第四卷)，第278页

23.施行活教育的儿童活动场所，在第一个阶段是小动物园、小花园、小游艺场、小工场、小图书馆；在第二阶段是小工场、小农场、小社会、小美术馆、小游戏场；在

第三阶段是儿童工场、儿童农场、儿童科学馆、儿童世界、儿童艺术馆、儿童运动场、儿童服务团。

・引自《活教育要怎样实施的》(1944年),载《陈鹤琴全集》(第四卷),第278页

三

活教育方法论

1. 我们要以自动代替被动,以启发代替灌注,以积极代替消极,以活知识代替读死书,以爱德代替权威。

• 引自《战后中国的幼稚教育》(1947年),载《陈鹤琴全集》(第二卷),第415页

2. 自动地学习,自发地学习,乃是以"做"为出发点的,在"做"的过程中去学,在"做"的过程中去教,在"做"的过程中去求进步。经过自己动手用脑所获得的知识,才算是真知识、有用的知识。培养现代中国人,非从"做"做起不可。

- 引自《战后中国的幼稚教育》(1947年),载《陈鹤琴全集》(第二卷),第415页

3. 寓学于做。换一句话说,就是要在工作的时候,实地地学习。俗话说得好:"岸上学游水,到老学不会。"所以无论什么事,空讲也是没有用的,必须要实地去做。学生在做的时候去学习,教师在做的时候认真去指导,然后学生得到的知识技能,才能正确无误,教师指导的时候,才不致空言无补了。

- 引自《几条重要的教学原则》(1928年),载《陈鹤琴全集》(第四卷),第37页

4. 怎样"做"? 我们有四个步骤来指导做,来指导教与学。这四个步骤就是:第一,实验观察;第二,阅读参考;第三,发表创作;第四,批评研讨。并且用"五种活动",即健康活动(包括体育、卫生等学科);社会活动(包括史、地、公民常识等学科);自然活动(包括动植物、气象、理化、算术等科);艺术活动(包括音乐、图画、工艺等科)及文学活动(包括读、作、写、说等科)来丰富"做"的

内容。

- 引自《战后中国的幼稚教育》(1947年)，载《陈鹤琴全集》(第二卷)，第415页

5. 在学校里的一切活动，凡事儿童自己能够做的，应当让他自己做，做了就与事物发生直接的接触，就得着直接的经验，就知道做事的困难，就认识事物的性质。要知道做事的兴趣，愈做愈浓；做事的能力，愈做愈强。

- 引自《活教育的教学原则》(1948年)，载《陈鹤琴全集》(第五卷)，第67页

6. 教学游戏化是以"做"为中心的，也就是"做中教，做中学，做中求进步"的教学运用。其充实与发展，还有待于大家的研究与努力。

- 引自《活教育的教学原则》(1948年)，载《陈鹤琴全集》(第五卷)，第94页

7. 所谓"做"，并不限于双手做才是做，凡是耳闻、目睹(观察)、调查、研究都包括在内，也就是我们通常所说

的"实践"。"做"是儿童对生活直接的体验。儿童对任何事物有了直接的体验后,才知道事物的真相,才能了解事物的性质,才能明了事物的困难所在。儿童要求得真实的知识一定要"做中学",而教师也应在"做中教",共同在"做中求进步",这是教学最基本的一个原则。

• 引自《怎样做人民的幼稚园教师》(1950年),载《陈鹤琴全集》(第二卷),第440、441页

8. 儿童的世界,是儿童自己去探讨,去发现的。他自己所求来的知识,才是真知识;他自己所发现的世界,才是他的真世界。

• 引自《活教育的教学原则》(1948年),载《陈鹤琴全集》(第五卷),第71页

9. "做"这个原则,是教学的基本原则,一切的学习,不论是肌肉的,不论是感觉的,不论是神经的,都要靠"做"的。不看花卉,不能欣赏花卉的美丽;不听音乐,不能欣赏音乐的感染力;不尝甜酸苦辣,哪会知道甜酸苦辣的味儿呢? 不是胼手胝足,哪会知道"粒粒皆辛

苦"呢!

- 引自《活教育的教学原则》(1948年),载《陈鹤琴全集》(第五卷),第68页

10. 我以为第一要有劳动的身手。活教育是主张"做"的,做就是要劳动,一切创造,并不是从空中造楼阁,而是需要劳动,需要做,要从做中学,做中求创造。然而,做,并不是盲目地做,因此,第二要有科学的头脑,把我们的头脑武装起来,认识大自然运动的法则,认识大社会发展的路向,用科学的方法去做,去劳动。这样,手脑并用,才能创造。

- 引自《活教育的目的论》(1948年),载《陈鹤琴全集》(第五卷),第61页

11. 在陆地上学游泳,是没有多大用处的。儿童尽管在陆地上日夜练习游泳,一到水里,还是要溺死的。你要儿童游水,你一定要在水里教他学,而且要他自己也实地到水里去。否则,光是你游泳给他看是没有用处的。

第五编 活教育

- 引自《活教育的教学原则》(1948年),载《陈鹤琴全集》(第五卷),第69页

12. 不过有一点要注意到的,就是学生自发的动机,有时或许无甚价值,或者反而于学习有妨碍的。教师应该要注意到的,在引起动机的时候,无形之中要暗示他们动机的方向,使他们自然而然地倾向到那一方面去做。哪一种活动,能够利用学生的动机,掌握学生的动机,并且支配学生的动机。这就是好教师的第一个标准。

- 引自《几条重要的教学原则》(1928年),载《陈鹤琴全集》(第四卷),第37页

13. 儿童大都喜欢比赛,喜欢竞争的。做教师的应当利用这种心理去教导儿童,去增加儿童的兴趣,去促进学习的效率。

- 引自《活教育的教学原则》(1948年),载《陈鹤琴全集》(第五卷),第78页

14. 自我比赛没有什么聪明愚笨的分别，只有努力和懒惰的问题，懒惰只有退步，努力当然进步。自我比赛的时候，每个儿童当然努力。一努力成绩就会来得好，成绩来得好，儿童就容易得着鼓励；一得着鼓励，儿童就有兴趣；一得着兴趣，儿童就容易努力；一努力，学业就有进步。所以自我比赛，儿童容易得着鼓励，容易学得多，做得好。

• 引自《活教育的教学原则》(1948年)，载《陈鹤琴全集》(第五卷)，第82页

15. 从儿童的学习心理看来，凡是儿童知道自己的成绩，就容易产生学习的兴趣。上面所举的成绩进展表，就是使儿童容易明了自己的成绩，容易引起学习的兴趣。

• 引自《活教育的教学原则》(1948年)，载《陈鹤琴全集》(第五卷)，第82页

16. 凡是普通儿童都是喜欢比赛的。比赛有什么好处呢？比赛可以增加学习兴趣，提高学习效率。比赛分

团体和个人两种，团体比赛的价值比个人比赛的来得大，合作、互助、牺牲精神可在团体比赛中培养的。但团体的范围应当常常加以扩大，不要变得太狭窄。比赛中有两种精神，小孩子必须要学到的，就是胜者不骄，败者不馁。个人比赛又分两种，就是与人比赛和自我比赛，自我比赛较来得妥当，我们应当多多采用。

- 引自《活教育的教学原则》(1948年)，载《陈鹤琴全集》(第五卷)，第82页

17. 总而言之，比较教学法在教育上有很大的价值，在学校里应当占有很重要的地位。你若用这种方法去教小孩子，那小孩子对于所学的事物一定学得格外有兴趣，认识得格外清楚，印刻得格外深切，记忆得格外持久了。

- 引自《活教育的教学原则》(1948年)，载《陈鹤琴全集》(第五卷)，第78页

18. 比方我们教小孩子去研究一只猫，最好我们用一只狗去同它比较一下。我们可以这样讲给小孩子听："猫喜欢吃鱼，狗喜欢吃肉；猫会捉老鼠，狗会打猎；猫有

一种特别的武器，你们应当注意的。它有一副铁钩似的脚爪，走路的时候，脚爪缩在肉垫里，不会出一点小声音，一看见老鼠，伸出脚爪，把老鼠一把抓住，这是它捉老鼠的妙法。狗儿也有一种特别的武器。它有非常灵敏的嗅觉，它利用这种嗅觉，帮助我们打猎，帮助我们捉贼，帮助我们破获盗案"。我们把狗、猫这样一比较，小孩子对于狗、猫的认识，不是格外正确吗？小孩子所得到的印象不是格外深刻吗？不但如此，小孩子会格外喜欢猫、狗，会格外高兴研究猫、狗呢！

- 引自《活教育的教学原则》(1948年)，载《陈鹤琴全集》(第五卷)，第74、75页

19. 假使我们教小孩子认识鸡的特点，最好我们也用比较教学法。我们可以用鸭子和鸡来比较。鸭子嘴巴是扁的，鸡的嘴巴是尖的。为什么鸡的嘴巴是尖的呢？因为便于在地上找东西吃。鸭子的嘴巴为什么是扁的呢？因为便于在水里找东西吃。鸡的脚是三个分开的爪，便于在地上走路。鸭子的脚趾中间有蹼，便于在水里游水。

这样一比较,对于鸡鸭的认识不是格外清楚、格外正确吗?

- 引自《活教育的教学原则》(1948年),载《陈鹤琴全集》(第五卷),第75页

20. 颜色也要用比较法去教的。各种颜色一比较,颜色的特质就格外来得显著。中国有句话"万绿丛中一点红"。这一点红经绿一衬显得格外红,绿同红一比显得格外绿了。没有红,不容易显出绿的美;没有绿,不容易显出红的艳。红绿两色互相为用呢。

- 引自《活教育的教学原则》(1948年),载《陈鹤琴全集》(第五卷),第76页

21. 我们也要活的教育,教材是活的,方法是活的,课本也是活的。我们大家一齐振作起来,研究儿童的切身问题,为儿童谋福利。尽量地利用儿童的手、脑、口、耳、眼睛,打破只用耳朵听、眼睛看,而不用口说话、用脑子想事的教育。我们不能再把儿童的聪明、儿童的可塑性、儿童的创造能力埋没了,我们要效法狂风暴雨的精神,对教育也要用同样的手段纠正过去,开发未来。

- 引自《什么叫做"活的教育"》(1940年),载《陈鹤琴全集》(第五卷),第18页

22. 最宝贵的是儿童们自动研究的精神,这种精神是小朋友们本已潜在的,不过因为种种的限制,使它不能流露出来罢了。我们现在最要紧的,就是启发他们这种自动研究的精神。

- 引自《活教育要怎样实施的》(1944年),载《陈鹤琴全集》(第四卷),第280页

四

活教育教学法

1. 活教育教学原则：(1) 凡是儿童自己能够做的，应当让他自己做。(2) 凡是儿童自己能够想的，应当让他自己想。(3) 你要儿童怎样做，就应当教儿童怎样学。(4) 鼓励儿童去发现他自己的世界。(5) 积极的鼓励胜于消极的制裁。(6) 大自然、大社会是我们的活教材。(7) 比较教学法。(8) 用比赛的方法来增进学习的效率。(9) 积极的暗示胜于消极的命令。(10) 替代教学法。(11) 注意环境，利用环境。(12) 分组学习，共同研究。(13) 教学游戏化。(14) 教学故事化。(15) 教师教教师。(16) 儿童教儿童。(17) 精密观察。

- 引自《活教育的教学原则》(1948年),载《陈鹤琴全集》(第五卷),第66页

2. 活教育实施原则:(1)直接的经验。(2)均衡的发展。(3)自动的研究。(4)积极的鼓励。(5)具体的比较。(6)分组的学习。(7)集体的竞赛。

活教育实施过程:(1)实验。(2)参考。(3)发表。(4)检讨。

- 引自《活教育要怎样实施的》(1944年),载《陈鹤琴全集》(第四卷),第285页

3. 活教育十大特点:(1)一切设施、一切活动以儿童做中心的主体,学校里一切活动差不多都是儿童的活动。(2)教育的目的在培养做人的态度,养成优良的习惯,发现内在的兴趣,获得求知的方法,训练人生的基本技能。(3)一切教学,集中在"做",做中学,做中教,做中求进步。(4)分组学习,共同研讨。(5)以爱以德来感化儿童。(6)儿童自订法则来管理自己。(7)课程是根据儿童的心理和社会的需要来编订的,教材也是根据

儿童的心理和社会的需要来选定的,所以课程是有伸缩性的,教材是有活动性而可随时更改的。(8)儿童天真烂漫,活泼可爱,工作时很静很忙,游戏时很起劲很高兴。(9)师生共同生活,教学相长。(10)学校是社会的中心,师生集中力量,改造环境,服务社会。

- 引自《活教育与死教育》(1941年),载《陈鹤琴全集》(第五卷),第21、22页

4. 五指活动:(1)儿童健康。(2)儿童社会。(3)儿童科学。(4)儿童艺术。(5)儿童文学。

- 引自《活教育要怎样实施的》(1944年),载《陈鹤琴全集》(第四卷),第287页

5. 因为五指活动包含了各种课程,和儿童生活打成一片,也可以说是儿童的生活课程。再说"五指活动"这几个字,我们顾名思义也可以理解到,犹如人的五指,它是一个整体,互相联系,而且是帮助我们发抒知、情、意的一个工具。而幼稚园的课程,其目的也就在发展幼稚生的心智和身体。所以我们用五指活动来昭示幼稚园

课程的整个性和联贯性,而培养儿童健全的生活为最高理想。

• 引自《怎样编排幼稚园的日课表》(1948年),载《陈鹤琴全集》(第二卷),第 427 页

6. 五指活动的名称,以及它所包括幼稚园的各项活动:(1)儿童健康活动,包括游戏、早操、户外活动、整洁与健康检查、午睡、餐点、静息等。(2)儿童社会活动,包括升旗、早会、社会研究、再会的活动等。(3)儿童科学活动,包括自然研究、种植、饲养、填气候图等。(4)儿童艺术活动,包括唱歌、律动、表演、布置、工作、记日记图、玩乐器等。(5)儿童语文活动,包括故事、读法、歌谣、谜语、看图画书等。

• 引自《怎样编排幼稚园的日课表》(1948年),载《陈鹤琴全集》(第二卷),第 427 页

7. "五指活动"的实施目标。

儿童健康活动实施目标:培养儿童健全的身心。范围包括:(1)体育活动;(2)个人卫生;(3)公共卫生;

(4)心理卫生;(5)安全教育。

儿童社会活动实施目标:(1)使儿童明了个人和社会的关系;(2)使儿童参加社会活动培养其服务团体的知能和兴趣;(3)使儿童了解乡、镇、县、省和全国的关系及中国与世界的相互影响,激发其爱国爱群及民族精神的发展;(4)根据时事的演变探求今后世界的新趋势。

儿童科学活动实施目标:(1)增进儿童科学知识;(2)培养儿童实验兴趣;(3)启迪儿童创造能力。

儿童艺术活动实施目标:(1)陶冶儿童的热情绪;(2)启迪儿童的审美感;(3)发展儿童的欣赏力;(4)培养儿童的创造力。范围包括音乐、美术、工艺、戏剧。

儿童文学活动实施目标:(1)培养儿童对于文学的欣赏能力和发表能力;(2)培养儿童对于中国文字的认识和运用;(3)培养儿童对于文法修辞的研究兴趣;(4)培养儿童对于文学的创造能力。范围包括童话、诗歌、谜语、故事、剧本、演说、辩论、儿童应用、书法。

- 引自《活教育要怎样实施的》(1944年),载《陈鹤琴全集》

（第四卷），第289—296页

8."五指活动"的性质。从儿童生活出发完成儿童的完整生活，进行时具有下列五种性质：(1)是儿童实际的工作；(2)是儿童能力的表现；(3)是儿童集体的创造；(4)是儿童活动的联合；(5)是儿童工作的检讨。教师参与此项活动时，(1)他的责任是引发；(2)他的工作是供给；(3)他的任务是指导；(4)他的态度是欣赏。

• 引自《活教育要怎样实施的》(1944年)，载《陈鹤琴全集》（第四卷），第286页

9."五指活动"的五指，是生长在儿童的手掌上的，换句话说，就是一切的活动要在儿童的生活上、智力上、身体上互相联系，连续地发展。如果把这只手掌当成成人的，那么儿童心身的发展就不能依据正常的途径前进，而每次活动也因此变成枯燥乏味，脱离儿童实际生活。这里我们应该说明的是，所谓"五指活动"的五指是

生长在儿童的手掌上,是指要注意儿童心理和生理的发展,但是不离社会实际,领导儿童做合理的活动,予以适当的教养。

- 引自《幼儿园的课程》(1951年),载《陈鹤琴全集》(第二卷),第458页

10."五指活动"的五指,是活的,可以伸缩,互相联系。通常在中小学里,课程是分割的,各课各自独立,不相联系,而幼稚园里面却不然,课程是整个的、连贯的。依据儿童心身的发展,五指活动在儿童生活中结成一个教育的网,有组织、有系统,合理地编织在儿童的生活上。

- 引自《幼儿园的课程》(1951年),载《陈鹤琴全集》(第二卷),第458页

11."五指活动"的五个方面。(1)儿童健康:包括饮食、睡眠、早操、游戏、户外活动、散步等。(2)儿童社会:包括朝夕会、周会、纪念日集会、每天的谈话(单元研讨),以及政治常识等。(3)儿童科学:包括植物之培植,

动物之饲养,自然现象的研讨,当地自然环境的认识等。(4) 儿童艺术:包括音乐(唱歌、节奏、欣赏)、图画、手工等。(5) 儿童语文:包括故事、儿歌、谜语、读法等。

幼稚园的课程全部包括在五指活动中,并采用单元制,各项活动都围绕着单元进行教学。

- 引自《幼儿园的课程》(1951年),载《陈鹤琴全集》(第二卷),江苏教育出版社2008年8月版,第458页

12. 集体学习是活教育教学原则的一种方式。一个人的思想,需要有刺激,有了刺激,思想就越来越多,越来越进步。别人给我们的刺激,不一定是好,但因别人的刺激而引起我们其他的思想,同样可以得到好处。我们中国有句话说:"三人行,必有吾师。"无论农、工、商人,都可以跟他学习,学习一定要多方面的。

- 引自《活教育的教学原则》(1948年),载《陈鹤琴全集》(第五卷),第92页

13. 十三条训导原则:(1) 从小到大。(2) 从人治到法治。(3) 从法治到心理。(4) 从对立到一体。(5) 从

不觉到自觉。(6)从被动到自动。(7)从自我到互助。(8)从知到行。(9)从形式到精神。(10)从分家到合一。(11)从隔阂到联络。(12)从消极到积极。(13)从"空口说教"到"以身作则"。

- 引自《训育的基本问题》(1946年),载《陈鹤琴全集》(第五卷),第103—110页

14. 活教育则以爱以德来感化儿童,每个儿童能自觉地来遵守集体公约,在"爱"的空气中陶冶儿童优良的品格。传统教育把"学校"与"社会""自然"隔离,对社会上发生的事情、自然界发生的现象,完全漠不相关,把学校变成"知识的牢狱"。活教育是使儿童与社会打成一片,和自然界紧密地呼吸在一起,注意社会上一切的活动,了解一切的变化,帮助社会,把意见贡献给社会,并且要尽力改造社会。

- 引自《传统教育与活教育》(1946年),载《陈鹤琴全集》(第五卷),第57、58页

15. 我们要提倡培养创造能力,并且从儿童时期培

养起。儿童本来就有一种创造欲,我们只要善为诱导启发,可以事半而功倍。

- 引自《活教育的目的论》(1948年),载《陈鹤琴全集》(第五卷),第60页

16. 我们都知道旧的教学就是"读书",教师抱住书本教,学生抱住书本读,离开了书本,便没有知识。这种教学在今天确已成为教育的危机,它已无法适应现代社会的要求。所以,我们如果要追求教育的改造,首先必须打破"读书"的观念,把旧的教学转化为活动。这就是我们常常说到的"做中学,做中教,做中求进步"的主张。

- 引自《世界儿童互助运动》(1947年),载《陈鹤琴全集》(第四卷),第335页

17. 新的教学活动,不但是一种活动,而且应该是一种有组织的整体活动。旧的教学是把一些孤立的知识,片断地灌输给儿童,教材内容都是漠不相关的知识的堆砌,不管儿童是否能够接受,不管儿童是否感到需要,这完全是填鸭式的教育,当然谈不到什么真正教育的作

用。今天我们根本反对这种死知识的传授,而主张以一个总的教学活动来统一教材内容,这就是我所提出的五指活动的课程理论与教学活动。

- 引自《世界儿童互助运动》(1947年),载《陈鹤琴全集》(第四卷),第336页

18. 活教育的教学也并不注重过去班级教学的课程,而着重于室外的活动,着重于生活的体验,以实物作研究对象,以书籍作辅佐参考。换一句话说,就是注重直接的经验。这种直接的经验就是使人进步的最大动力。

- 引自《活教育要怎样实施的》(1944年),载《陈鹤琴全集》(第四卷),第280页

19. 所谓必修作业是幼儿在教师领导下进行集体学习,有明确的目的和周密的计划,全体幼儿在一定的时间内做同样的活动。而选修作业是为了照顾幼儿特殊的才能和个性,有充分的时间让他发展自己的创造性。必修作业和选修作业,必须适当地配合,使儿童在各项

作业中,得到良好的发展。

- 引自《幼儿教育的新动向》(1951年),载《陈鹤琴全集》(第二卷),第447页

20. 在学校里面,个别的竞赛容易引起小朋友的骄傲及嫉妒,而集体的竞赛,可以养成爱护群体及牺牲小我的美德,还可以避免个别竞赛可能引起的弊病。

- 引自《活教育要怎样实施的》(1944年),载《陈鹤琴全集》(第四卷),第281页

21. 一般的学校大都采用分班制,分班制是教师与学生在注意力上交流,只适宜于注入式的教学。分组学习是小朋友以及小朋友教师双轨线的交流,适宜于互相讨论、研究和工作。

- 引自《活教育要怎样实施的》(1944年),载《陈鹤琴全集》(第四卷),第281页

22. 我们教授学生,是要他们从不知道,进而至于知道。要他们知道,就要利用他们已经知道的东西来联络

比较。譬如把动物狼教儿童,我们就要先把儿童已经看过的狗来比较说,狼的身体像狗,它的脚高些。又如说老虎的样子像猫,但是它的身体和牛一般大。狼和老虎,我们不易看到,狗和牛是儿童所常常看到的。这种分类的比较,利用儿童原有的经验,对新事物发生许多观念,对于新事物就容易记忆,可以得到正确的观念了。

- 引自《几条重要的教学原则》(1928年),载《陈鹤琴全集》(第四卷),第38、39页

23. 比赛和游戏,都是适合儿童的心理和性情的,教授上用得得法,效力是最大的。因为儿童好胜,所以我们用比赛的方法去鼓励他们;因为儿童喜欢游戏,所以我们用游戏的方式去教他们学习各种功课。但是学习比赛,务必要使胜者勿骄惰,败者勿灰心。至于游戏一层,尤须于组织教材教法环境时间,各方面特别注意,方可收得良好的效果。

- 引自《几条重要的教学原则》(1928年),载《陈鹤琴全集》(第四卷),第39页

24. 锻炼小孩子的方法很多,有的比较严肃,有的比较有兴趣,有的从兴趣观点来看比较平凡。严肃的方法,如用冷水洗澡;有兴趣的方法,如各种球类比赛、各种用适当设备的运动,像"荡秋千",坐"摇船""摇马"等;兴趣平凡的方法,如各种徒手操,这比起游戏来是比较枯燥一点,但若是领导有方,也可以发生很大的效用。

• 引自《怎样锻炼小孩子》(1951 年),载《陈鹤琴全集》(第三卷),第 32 页

25. 像木球、棒球,都是需要多数儿童组织起来比赛的,而比赛的时候,一定要合作,一定要互助,一定要牺牲,不能一个人独玩的。团体化的游戏,无非表示许多儿童一起玩而已,没有组织,用不着合作,不过玩的时候,儿童要遵守一定的规则,如同玩滑梯,一个一个地上来,一个一个地下去,不能争先恐后,你抢我夺。所以社会化的运动器具,比团体化的还要来得好,是有相当价值的。

• 引自《怎样锻炼小孩子》(1951 年),载《陈鹤琴全集》(第三卷),第 35 页

图书在版编目(CIP)数据

陈鹤琴"活教育"幼儿园教师实用手册 / 陈鹤琴著；柯小卫选编. —南京：南京师范大学出版社，2017.2（2025.2重印）
　ISBN 978-7-5651-2870-7

　Ⅰ.①陈… Ⅱ.①陈… ②柯… Ⅲ.①学前教育—教学参考资料 Ⅳ.①G613

中国版本图书馆 CIP 数据核字(2016)第 221758 号

书　　名	陈鹤琴"活教育"幼儿园教师实用手册
作　　者	陈鹤琴
选　　编	柯小卫
责任编辑	万　斌
出版发行	南京师范大学出版社
地　　址	江苏省南京市玄武区后宰门西村9号(邮编:210016)
电　　话	(025)83598919(总编办)　83598412(营销部)
	83598312(邮购部)
网　　址	http://press.njnu.edu.cn
电子信箱	nspzbb@njnu.edu.cn
照　　排	南京凯建图文制作有限公司
印　　刷	南京艺中印务有限公司
开　　本	787毫米×1092毫米　1/32
印　　张	8.875
字　　数	131千
版　　次	2017年2月第1版　2025年2月第6次印刷
书　　号	ISBN 978-7-5651-2870-7
定　　价	35.00元
出 版 人	张　鹏

南京师大版图书若有印装问题请与销售商调换
版权所有　侵犯必究